「超」メモ革命

個人用クラウドで、仕事と生活を一変させる

野口悠紀雄

727

中公新書ラクレ

はじめに——これは革命です

私は、1993年に『「超」整理法』を中公新書で刊行しました。書類の整理に悩まされ続けたあげく、その問題に対する解決法を見い出したと思ったからです。

本書では、書類や情報の整理という同じ問題に対して、『「超」整理法』の考えを基本的には引き継ぎつつ、そのときには考えも及ばなかった新しい方法を提案しています。

方法が変わったのは、情報技術が大きく進歩したからです。情報の生産量が大幅に増加したため、情報洪水が発生しています。仕事のやり方を変えないと、それに押し流されてしまいます。価値の高い情報が身の回りにたくさんあるのに、大量の情報に埋もれて、有効に活用できません。

しかし、他方において、情報を扱う手法も飛躍的に進歩しました。1993年頃には限定的な範囲でしか利用できなかった検索機能が、大幅に向上しました。ファイル間にリンクを貼ることも容易になりました。さらに、個人でもクラウドを簡単に利用できるようになりました。また、音声認識の精度が向上し、高度な画像認識も可能になりつつあります。これらの技術を活用すれば、これまではできなかったことが可能になります。

『「超」整理法』においては、「情報は分類できない。時系列でしか整理することができない」と書きました。しかし、その当時には使えなかった技術を用いることによって、分類に伴う問題を解決できるようになったのです。

本書で提案している方法は、情報をその内容に従って分類するものです。情報をデジタル化し、それをクラウドに上げれば、紙の場合には解決できなかった問題が克服できるのです。

分類問題に限らず、情報処理の様々な側面で、考え方と仕事の方法を大きく変える必要が生じています。考えを変え、新しい技術をうまく利用することができれば、身のまわりにある大量の情報を宝の山に変えることができます。

DX（デジタル・トランスフォーメーション＝デジタル化）が必要と言われます。これは、政府や企業の仕事に限ったことではありません。個人のレベルにおいても必要なことです。とくに、クリエイティブな仕事に関しては、本書が提案しているシステムの採用は不可欠です。これによって、蓄積した情報を有効に活用することができるようになります。

このシステムの利用範囲は、クリエイティブな仕事に限られるわけではありません。どんな仕事についても必要なものです。また、日常生活にも役に立ち、仕事や日々の生活を円滑にします。

それだけでなく、これを使っていれば、日々の生活のなかから、新しい発見ができるようになります。それによって、あなたの生活は豊かなものになるでしょう。

これは、個人生活のＤＸです。こういうと、いかにも大変なことと思われるかもしれません。しかし、決してそうではありません。誰でも、すぐにできることです。必要とされるのは、考え方と習慣を変え、これまでの仕事と生活の惰性から脱却することです。そのために一歩を踏み出せば、新しい世界が開けます。

本書は、大きく３部に分かれています。

第１部は、「とにかく始めてください」という提案です。本書では第２部において、必要なファイルを見い出すための様々な方法を提案しているのですが、それは一見したところ難しいものと思われるかもしれません。「こんな面倒なことはやりたくない」と考える方がいるでしょう。人間は新しいものに対しては本能的に警戒心を持つので、こうした考えを持たれても、やむを得ないかもしれません。

しかし、本書の方法は、実に簡単なものです。ですから、とにかく始めていただきたいのです。そうすれば、この方法がいかに強力であるかを実感していただけると思います。

私が「超」メモと呼ぶこのシステムは、何の準備もなく始め、その後必要に応じて様々な仕組みを追加したり改定していくことができるものです。つまり、柔軟な対処が可能なものです。必要な道具は、スマートフォンだけです。

そこで、「とにかく始めるための簡易版」を第1－1章で示し、それがどのような役に立つかを第1－2章で説明します。また、紙とデジタルの比較を第1－3章で行ないます。

ただし、発想の転換が必要です。「超」整理法のときには、「分類しない」ということが、もっとも重要な発想の転換でした。いまは、「捨てなくてもよい」と考えを変えることが、要求される最も重要な転換です。これについて第1－4章で述べます。

第2部は、このシステムの効率をさらに高めるための様々な方法の提案です。目的は、極めて大量な情報の中から、必要な情報を直ちに引き出すための仕組みを作ることです。

第2－1章では、方法論を概観します。第2－2章ではMTF（使ったものを先頭に置く）という原則を説明します。これは「超」整理法における「押し出しファイリング」の思想ですが、いまでも、もっとも簡単でもっとも強力な方法です。

本書では、これに加え、第2－3章でリンクを、第2－4章ではキーワードによる検索を提案します。以上の三つの方法を組み合わせて用いることによって、どんなファイルでも即座に見い出すことができる仕組みを作ることができます。

第2－5章では、データをPCやスマートフォンなどのローカルな端末に保存する方法には、様々の問題があることを指摘します。問題の多くはフォルダ方式を取ることによって生じるものです。フォルダ方式では解決できなかった分類上の問題が、リンク方式では解決できることを第2－6章で述べます。

第2－7章では、メールと組み合わせることで強力なアーカイブを構築できることを示します。

以上で構築される仕組みは、「超」メモというよりは、「超」アーカイブ（文書保管庫）と呼ぶ方が適切なものです。

第3部においては、第2部で構築した仕組みを用いて仕事をすることについて述べます。

第3－1章で、私自身の情報管理法の変遷を振り返ります。第3－2章では、人間の認識能力の限界を示す「マジカルナンバー・セブン」を、本書の方法によって突破できることなどを述べます。

第3－3章では写真の整理法について述べます。第3－4章では、手書きのメモや新聞記事、名刺などのアナログ情報について、デジタル化が可能になっていることを指摘し、具体的な使い方を提案します。

第3－5章で述べるように、「超」アーカイブは、いくつかの点で、有能な部下より優れています。今後、情報技術がさらに発展すれば、「何かいい資料はないか？」というだけで、適切な資料を差し出してくれるようになるでしょう。ただし、そうした技術進歩の恩恵を最大限に享受するには、いまから情報を「超」アーカイブに保存し続けていく必要があります。その意味で、将来起こる革命にいまから備える必要があるのです。

1789年7月14日の夜、バスティーユ襲撃事件の第一報を受けたフランス国王ルイ16世が「なに、暴動か」と受け流したのに対して、ラ＝ロシュフコー＝リアンクール公は、「いいえ陛下。暴動ではございません。これは革命です」と正しく指摘しました。

私は読者の皆さんに、同じ警告を発したいと思います。

本書の執筆と刊行にあたっては、1993年の『「超」整理法』の際にお世話になった中央公論新社、雑誌・事業局プロジェクト編集部の山本啓子氏にお世話になりました。御礼申し上げます。

本書執筆の過程では、Googleドキュメントの共有機能とコメント機能を応用して、山本氏との共同作業を進めることができました。本書が提案する方法が有効であることが実証されたのです。

２０２１年４月

野口悠紀雄

サポートページ
https://note.com/yukionoguchi/n/nb2f4097e1aea

上のＱＲコードにスマートフォンのカメラをかざすと、本書のサポートページを開けます。ここで、本書の内容を補足する記事を読むことができます。

目次

第2部　「超」メモから「超」アーカイブへ——91

DTP ハンズ・ミケ

「超」メモ革命

——個人用クラウドで、仕事と生活を一変させる

図表目次

■第１部

■第２部

■第３部

■ＱＲコード

第1部　「超」メモをとにかく作ってみよう

第1-1章　いますぐ始めよう

1　第1歩-ぐうたら版「超」メモで、とにかく始める

記録したメモをすぐに引き出せるか?

あなたは、身の回りの情報管理に苦労していませんか?

メモはしたものの、どこにいったか、行方不明で活用できない。

仕事に必要な情報をせっかく集めたのに、暫く使わないでいたら、紛失してしまった。

緊急の事態なのに、必要な番号などがわからなくなってしまった。どこかに記録はしておいたのだが、どこを探しても見つからない。

このような状態になっていないでしょうか？

こうなると、せっかくメモを書いたり資料を集めたりしても、それらが無駄になってしまいます。

こうした問題への解が、本書が提案する「超」メモです。

情報が多くなると、何もしないでためるだけでは、引き出すのは難しくなります。ためるだけで直ちに活用できるわけではありません。必要な情報を引き出すためには、適切な仕組みを作る必要があります。本書で提案するのは、その仕組みです。

本書が提案する方法を用いれば、いくらでも情報をためておくことができ、また、必要なときにあっという間に引き出せます。

誇張でなく、「魔法のようなメモのシステム」が可能になります。

この方法を用いることで生活が便利になることは間違いありません。それだけではありません。それによって新しい可能性が次々に生み出されます。

人間は新しいものには警戒心を持ち、拒絶する

本書がこれから提案するのは、新しい方法です。

それは決して難しいものではありません。誰でも、簡単にできます。
ところが、人間は新しいものに対しては、本能的に警戒心を持ちます。「これまでのもので支障なく仕事ができているのだから、何も新しいものを持ち込まなくてもよいだろう」というわけです。

そして遠ざけていると、ますます遠ざかってしまいます。

逆に、なんらかのきっかけで、新しいものを導入すると、意外に役に立つことがわかります。そして、本格的に使うようになります。

「超」メモについて、何とかこの段階まで進んでいただきたいのです。

最初から完全なシステムを作ろうと思うと、なかなか取り掛かることができないかもしれません。

そこで、まず本章で述べる「簡便法」で始めていただきたいと思います。「超」メモは、かなりいい加減で「ぐうたら」な方法でも、十分に機能するのです。

何はともあれ、まず出発することが重要です。「超」メモが優れているのは、「とにかくまず始めてみる、そして自分の生活に合ったスタイルに徐々に直していくことができる」という点です。

図表1－1－1には、「とにかく始める」ための4歩を示します。

メールの下書きをメモに利用する

本書では、「超」メモ用に、Google が提供している「Google ドキュメント」の利用を提案します。

ただし、そのためには、Google ドキュメントのアプリをダウンロードしなければなりません。あっという間にダウンロードできるし、しかも無料です。誰でもできることで、実に簡単です。

ところが、「それも面倒」と思われるかもしれません。しかし、この段階でそっぽを向かれてしまうのは、いかにも残念です。そこで、まず、つぎのことを試みてください。

メールの送信欄を開いて、自分宛てのメールの下書きを作成します。そして、これを下書きのまま保存します。

後でこの下書きを開いて、追加したり、編集したりすることができます。これだけで、TODOメモや日記などに、便利に使えます。

また、どうしても書く気になれないが、書かなければならないメールの下書きを、音声入

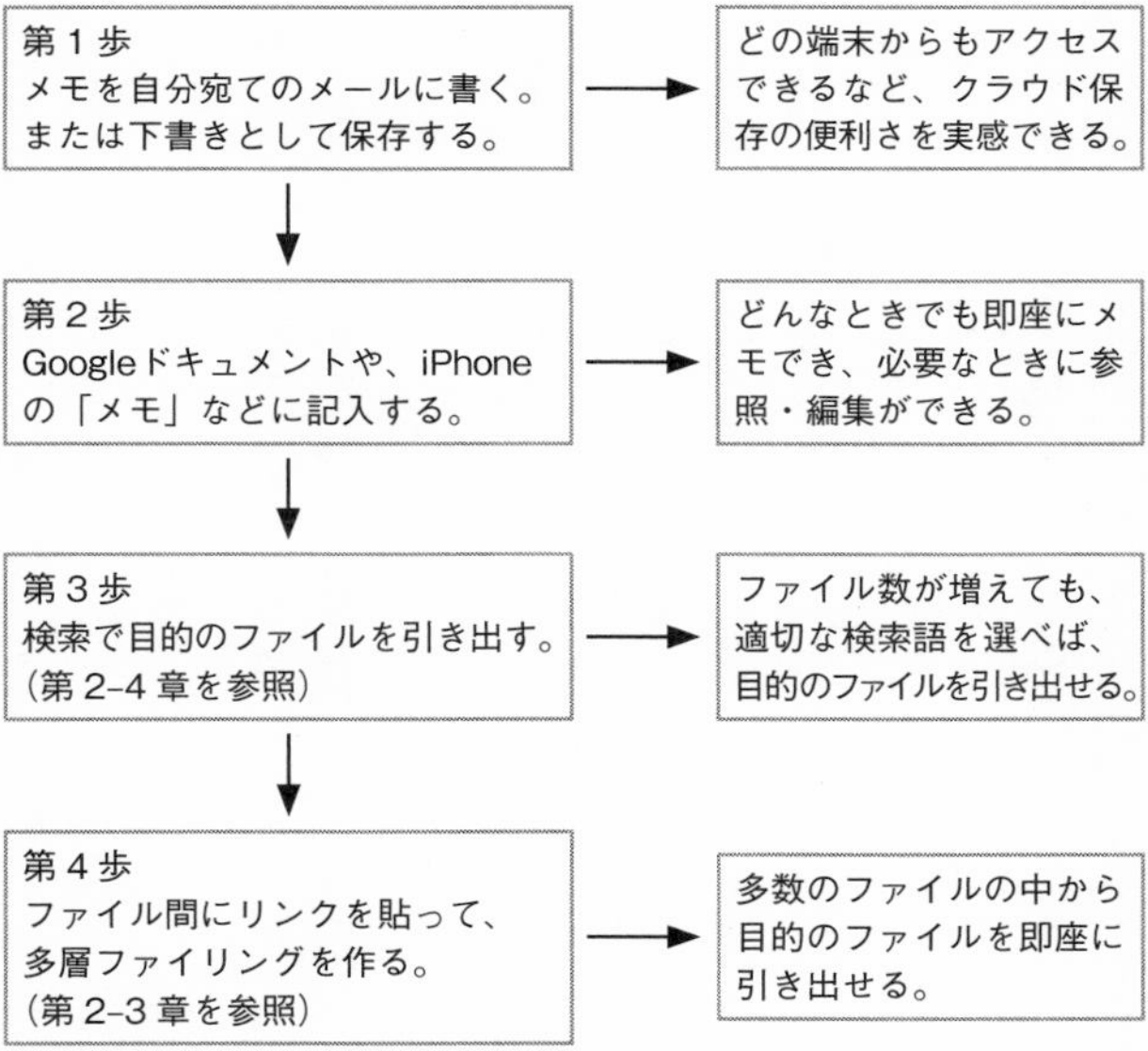
第１歩
メモを自分宛てのメールに書く。
または下書きとして保存する。
どの端末からもアクセスできるなど、クラウド保存の便利さを実感できる。
第２歩
Googleドキュメントや、iPhoneの「メモ」などに記入する。
どんなときでも即座にメモでき、必要なときに参照・編集ができる。
第３歩
検索で目的のファイルを引き出す。
(第2-4章を参照)
ファイル数が増えても、適切な検索語を選べば、目的のファイルを引き出せる。
第４歩
ファイル間にリンクを貼って、多層ファイリングを作る。
(第2-3章を参照)
多数のファイルの中から目的のファイルを即座に引き出せる。

図表１－１－１　ぐうたら版「超」メモから「超」アーカイブにいたる４歩

力で入力しておきます。そうしておけば、時間ができたときに清書して、送信することができるでしょう。

もう一つの利用法は、頻繁に利用する情報の記録です。例えば、外出時の携帯品のリストなど。あるいは、頻繁にアクセスするウエブサイトのURLなどを記録しておきます。

以上が、最も簡単な形態の「超」メモです。

「下書き」というと、何か中途半端なことしかできないような気がしてしまうのですが、実は、データをクラウドに上げる最も簡単な方法なのです。

本書では、この詳しい使い方について、第2－7章でGメールの場合について説明します。他のメールシステムでも、同じように実行可能です。いままでは、おそらくほとんどの人がメールを使っているでしょう。是非、いますぐに実行してみてください。

下書きメモに書いてある内容がある程度固まり、追加したり編集したりする必要がなくなったら、自分宛てに送信しておくこともできます。

「超」メモがなぜ便利なのか

この方式で情報を保存しておくと、意外に便利であることがわかります。

なぜ便利かというと、情報があなたの端末ではなく、クラウドに保存されたからです（「クラウド」とは、「インターネット上」という意味です。Gメールであれば、実際には Google のサーバに保存されています）。

クラウドに保存された情報は、あなたのPC（パソコン）やスマートフォンが故障しても、あるいはそれらの機器を紛失しても、失われることがありません。

しかも、必要になったときに、いつでも参照することができます。次項で述べるようにラ

	利用できる機能		見出すための方法			
	編集	添付ファイル	検索	自動振り分け	リンク	MTF
メール下書き	○	○	○	○	×	○
自分宛てメール	×	○	○	○	×	○
iPhoneメモ	○	×	○	×	×	○
Googleドキュメント	○	×	○	×	○	○

図表1－1－2　データをクラウドに上げるためのいくつかの方法

ベルを活用することにより、目的のメールをすぐに見い出せます。あるいは、検索機能を利用することもできます。

スマートフォンからでもアクセスできるので、どこにいても、簡単に見たり書いたりすることができます。このため、思いついたアイディアをすぐに書きとめておくことができます。

いいアイディアを考えついたのだが、手許にメモ帳がない。紙片に書けば紛失してしまいそう。重要なアイディアなのでどうしても紛失したくない。こうした事態に対処できます。

このようにして、情報をクラウドに上げることの意味を実感できるでしょう。

下書きメモを進化させる

メールアプリにある様々な機能を利用して、下書きメールを進化させることができます。

まず、添付ファイルをつけられるので、膨大な資料などを簡単に保存し、あとから簡単に引き出すことができます。パスワードでロックした Word ファイルを添付すれば、重要な資料も保存することができます（Word ファイルのロックについては、第２－７章の４を参照してください）。

また、強力な検索機能が使えます（下書きメールも検索の対象となります）。

さらに、個々のメールにラベル付けができるので、あとから簡単に見い出せます。メールの自動振り分け機能を活用すると、メールの系統的な分類・保存が自動的にできます。こうして、通常のメモ帳よりは、ずっと便利なメモ帳として活用することができます（メールのラベル付けと自動振り分けについては、第２－７章の２を参照してください）。

２　第２歩－メモ用のアプリを選ぶ

メモの記入に適したアプリを選ぶ

下書きメールを用いればかなりのことができるとはいうものの、本格的な情報管理は面倒です。それも当然で、もともとメールは、情報管理のための仕組みではないからです。

そこで、第2歩として、情報をメールに記入するのではなく、メモの記入に適したアプリを選び、そこに記入することにします。

私はGoogleドキュメントを使っています。

Googleドキュメントをダウンロードするのが面倒であれば、スマートフォンにデフォルトで付いているメモ帳機能を用いても構いません。このほかに、DropboxやEvernoteなどのアプリを使う方法もあります。要は、データをローカルな端末に置かず、クラウドに上げることです。

なお、メモ帳を複数作ると混乱するので、一つにまとめるのがよいと思います。情報の格納場所は一つにすべきです。私は、『「超」整理法』（中公新書、１９９３年）で、このことを「ポケット一つ原則」と名付けました。

iPhoneのメモでも「超」メモを作れる

iPhoneを使っている人は、iPhoneにデフォルトで付いている「メモ」を使ってみましょう。これならすぐにできます。

それによって、Google ドキュメントを使う場合と原理的には同じように、「超」メモを構築することができます。

ただし、ウィンドウズ（Windows）PCから iCloud にアクセスするのは、やや不便と感じます。暫く使わないでいると、その都度パスワードの入力を求められたりします。そうでなくても、iCloud にログインする必要があります。ほんのわずかな手間ですが、面倒と感じます。

また、iPhone のメモには、Google ドキュメントにあるような多彩な文章作成・編集機能はありません。iPhone のメモはどちらかといえば短いメモに適しており、原稿など長い文章の場合には不便です。そうした用途には、やはり Google ドキュメントを用いるのがよいでしょう。

3　第3歩 - 実際に使ってみる

目的のファイルをタイトルで探す

この段階まで来たら、本書を読み進んで、より本格的なアーカイブ（文書保管庫）の建設に取り組んでください。あなたの仕事と生活が一変することになるでしょう。

まず、個々のファイルに、タイトルをつけます。これは、たいした手間ではありません。多数のメモを作っていくことになるでしょうが、頻繁に使うメモは更新する場合が多いのでファイル一覧の上の方に表示されるため、タイトルを頼りに、すぐに見つかります。これは、「超」整理法における「押し出しファイリング」と同じ手法です。これについての詳しい説明は、第2－2章を参照してください。

なお、ファイル一覧の並べ方は、「最終更新（編集順）」にしておきます。「最終閲覧（閲覧順）」にすると、あまり重要でないファイルが先頭に来てしまいます。

日記なども、（日ごとに別のファイルにするのでなく）一つのファイルに記録を追加していけば、同じ原理によってファイル一覧の上の方に表示され、見い出しやすくなります。

あまり使わないファイルは、一覧の下の方に行って、見えにくくなります。こうしたものが残っているのは気になるでしょう。気づいたときに削除することは構いませんが、削除しなくても構いません。

「捨てることより、引き出す工夫をする」というのが、「超」メモの基本的な発想です。これについては、第1－4章で詳述します。

検索機能を用いて目的ファイルを引き出す

これまでの段階では、体系などない状態です。しかし、それでも、かなり便利なメモ帳として機能します。

ただし、ファイルの数が増えてくると、タイトルだけでは、必要なファイルを見い出すことが難しくなってきます。これについての対処法を以下に述べます。

まず、本文中にあると考えられる言葉で検索します。すると目的ページを引き出せます。ただし、「あると思った言葉が実は本文には書いてなかった」とか、「適切な言葉を思い出せない」ということもあるので、必ず成功するとは限りません。また多数のファイルがヒットしてしまって、目的のファイルがどれか判別できない場合もあるでしょう。

このため、以下に述べるようなことが必要になります（この詳しい方法論は、第2部で述べます）。

体系作りは徐々に行なっていけばよいのです。しかも、唯一の正しい体系があるというわけではなく、複数の方法が並立していても構いません。

検索用キーワードを作る

メモの中には、頻繁には更新しないものもあります。例えば、服用薬のリストを作ったとします。これは、時々参照するでしょうが、内容を頻繁に書き換えることはないでしょう。したがって、このメモはファイル一覧の下のほうに行ってしまって、見い出しにくくなります。

これを見い出しやすくするには、そのページに、「薬リスト、記録記録記録」などと書きこんでおきます。音声入力なら、すぐに入力できます。

「記録」という言葉は、他のメモの本文中にも現れるかもしれませんが、この言葉が三つも連続することはめったにないので、これが記入されたページだけを効率的に引き出します。

これが検索用のキーワードです。「薬」と書いておくだけだと、ほかのメモの本文中に、「薬」という文字があると、それを引き出してしまうため、このようにしたのです。

あまり使わないメモで、しかし失いたくないメモについては、この方式で対処します。

書き込むキーワードは、「重要重要重要」、「保存保存保存」、あるいは（リンク集の場合には）「リンクリンクリンク」などでもよいでしょう。

さらに、頻繁に参照するメモに「いいいい」などと書き込んでおきます。すると、「いいいい」と入力することで、このメモを確実に引き出せることを確かめてください。

このような仕組みをうまく作れば、メモをいくらためても、瞬時に引き出せるのです。「記録記録」で多数のファイルが出てくるのであれば、内容を示す言葉を入れます。例えば、「記録記録記録　薬」などとすればよいでしょう。

なお、検索用キーワードについては、第2-4章で詳しく説明します。

4　第4歩-多層ファイリングを作ってみる

多層ファイリングを構築できる

以上のようにして、ファイルをいくらでも増やしていくことができます。ただし、その数が非常に多くなってくると、検索だけでは目的のファイルを見い出すのが次第に難しくなってきます。

この問題を解決するのが、図表1-1-3に示す「多層ファイリング」システムです。

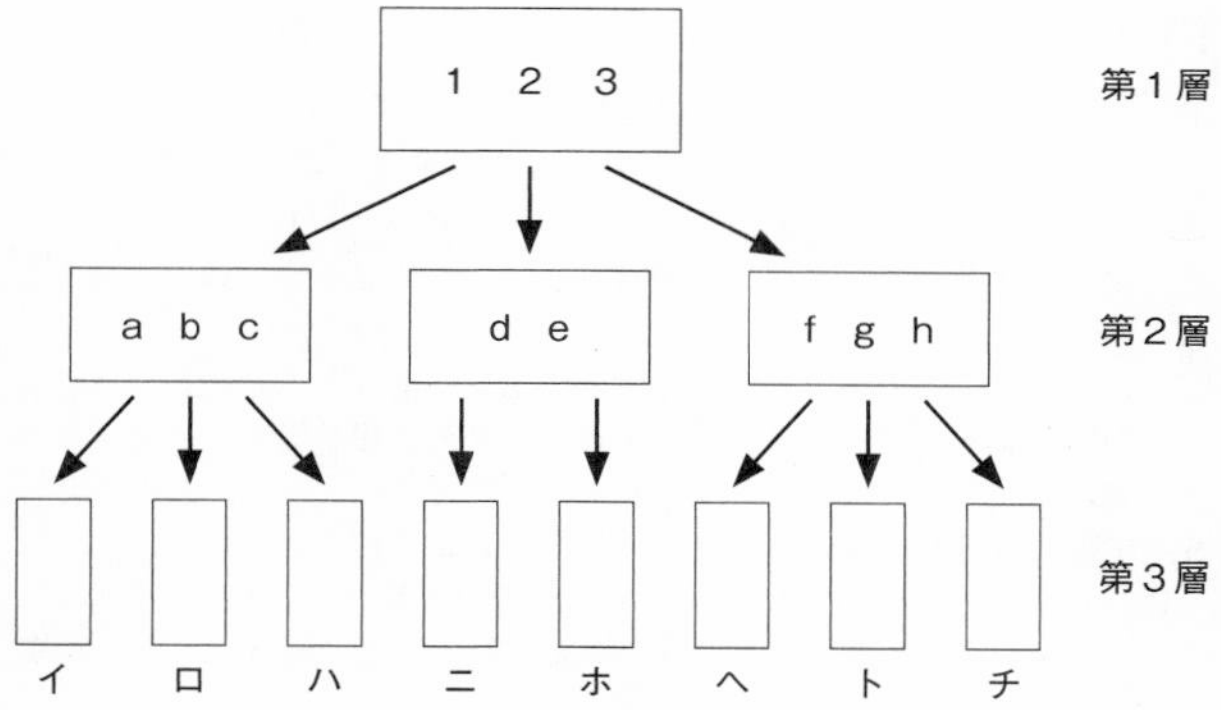

図表1－1－3　多層ファイリング

これは、ファイル間にリンクを貼る方式です。第1層のインデックス（目次）ファイルから出発して、次々にリンクをたどることによって、目的のファイルに到達することができます。

重要なファイルを見失うことがないように、適切なリンクの体系を作ります。この方法によって、目的のファイルを確実に、しかも素早く引き出すことができます。

なお、多層ファイリングの詳細については、第2－3章で説明しています。

多層ファイリングはどのように機能するか

多層ファイリングは、簡単に作れて、しかも極めて強力なシステムなのですが、そのことをなかなか実感していただけないかもしれません。

【説明】

1．ここに示すのは、「超」メモの見本です。多層ファイリングシステム（図表１－１－３参照）がいかに機能するかを示します。
2．左のページは、第１層目の「インデックスページ」です。
3．実際の「超」メモでは、各項目をクリックすると、対象のページが開かれます。
4．これは見本ですので、項目は例示であり、あなたの都合に合ったものにはなっていないでしょう。また、メモを書き込むこともできません。
5．実際に「超」メモとして使うには、次のようにします。
（1）このページ、およびそれによって開かれるページをコピーして、Google ドキュメント、または iPhone のメモなどにペーストします。
（2）ページ間にリンクを貼ります。
（3）リンクの効率的な貼り方については、第２－３章を参照してください。
6．項目はあなたの都合に合ったものに変更してください。また、自由にメモを書き込んでください。
7．リンクを何層にも貼ることができます（図表１－１－３参照）。
8．インデックスページをすぐに開けるような工夫が必要です。これについては、第２－３章の２を参照してください。

そこで、論より証拠、簡単な多層ファイリングをまず作ってみましょう。そうすれば、これがいかに便利な仕組みであるかを実感していただけると思います。

多層ファイリングがどのように機能するかを実感していただくために、そのひな形を note に作成しました（注）。これは、図表１－１－４に示す内容を note の記事としてアップしたものです。

上に示すＱＲコードをスマートフォンで認識すると、note

【インデックスページ】

1．仕事用メモ
- TODOメモ
- アイディアメモ
- 原稿（書籍）
- 原稿（連載）
- 会議や講演で必要な資料
- 作業用メモ
- PC、Gメールなどの使い方

2．要保存記録
- 契約書コピー
- 運転免許証コピー
- 健康保険証コピー
- 取り扱い説明書URL

3．写真インデックス
- 家族写真、記念写真
- 手書きメモ
- 新聞記事
- 名刺

4．生活メモ
- 健康管理（体重、体温、血圧）
- 外出時携帯品等チェックリスト
- 買い物リスト
- 日記
- 電車時刻表リンク

5．リンク集
- 統計リンク
- 音楽・バレエ　リンク
- 映画リンク

6．キーワード一覧

「超」メモインデックス
見本ページ
https://note.com/yukionoguchi/n/n67ea2a8dcc2b

図表1－1－4　インデックスページのひな形

に作成してあるページを開くことができます。

例えば1番上にある「TODOリスト」とある項目をクリックすると、第2層にあるTODOリストのページが開かれます（このひな形では、すべてのページにリンクが貼ってあるわけではなく、一部のページにしか貼っていません）。

これと同じ仕組みを、あなたご自身のGoogle ドキュメントやiPhone のメモに作ればよいのです。

（注）note とは、登録すれば誰もが文章や写真などのコンテンツを投稿して発信することができるサービスです。投稿されているコンテンツを見るだけであれば、登録しなくてもアクセスできます。

ひな形をテンプレートとして使う

note にあるものはひな形なので、書き込むことはできません。

そこで、インデックスページ、およびそれによってリンクで開かれる note のページをコピーして、あなたご自身の Google ドキュメントや iPhone のメモに貼り付けてください。

そうすれば、あなた用のメモとして活用することができます。

そして各ページ間にリンクを貼ります。（リンクの貼り方については、第2－3章を参照してください）。

こうして作られた多層ファイリングシステムは、あなた用のものです。あなたの必要に応じて、自由に書き込んだり、編集したりすることができます。

私は、執筆している連載記事については、連載ごとに多層ファイリングを作り、作業中の原稿をそこに格納してあります。

こうしたスタイルになると、ＰＣは単に編集作業を行なうだけのものになります。完成原稿はメールで送信しているため、それが原稿のアーカイブになっています。ＰＣに保存したデータは、検索ができないので、あまり使いません。

５　「超」メモは、ずぼらで、いい加減なやり方でも使える

いい加減な方法でもよいから出発する

以上で述べたように、「超」メモは、最初から完全な体系を作らなくとも、かなりいい加減で不完全な方法でも、十分に使うことができます。徐々に体系を整えていけばよいのです。

私の「超」メモのファイルの中には、いまだにタイトルもついていないし、検索用キーワードも設定しておらず、またインデックスページからのリンクを貼っていないものもあります。

こうしたファイルはあまり重要でないことが多いのですが、時間があるときに調べて、必要であれば検索用キーワードやインデックスページからのリンクをつけておけば、後から使

えるようになります。

また、キーワードやリンクの体系も、最初から完全なものを作る必要はありません。と言うより、いつになっても完全なものはできないのかもしれません。なぜなら、問題意識は時間が経つと変化するので、昔作った仕組みでは使いにくくなるからです。「超」メモの長所は、このような状況の変化に対しても、常に仕組みを更新し、改善していけることです。

最低限必要なのは、Google ドキュメントをダウンロードして、ここに入力することです。ダウンロードが面倒と思われるかもしれませんが、1回だけのことです。

音声入力は必須ではありませんが、これによって入力作業は飛躍的に簡単になります。歩きながらでも、あるいは寝た姿勢でもメモができます。

必要なものは、最低限、スマートフォンだけ

「超」メモを作り、使うために必要なものは、最低限、スマートフォンだけです。PCがあれば、もっと使いやすくなるでしょう。また、これを作り運用するのに、特別な知識は必要ありません。

なお、会社から支給されるスマートフォンには、Googleドキュメントのダウンロードが認められない場合があるかもしれません。これは、まったく不合理な制約だと思うのですが、会社の規則であれば、やむを得ません。自分でスマートフォンを買うしかないでしょう。

ただし、「超」メモは、会社の仕事を能率的に進めるためにも大変強力な道具となるので、Googleドキュメントのダウンロードを認めるよう、会社に働きかけましょう。

無限にためて瞬時に引き出す「超」メモ

以上で述べたことをまとめれば、「超」メモとは、つぎのようなものです。

1　スマートフォンの音声入力機能などを利用して、思いついたことや、記録に残しておくべきことを、いつでもどこでもすぐにGoogleドキュメントに記入する。
2　適切なキーワードの体系を作ることによって、後から必要なページを引き出す。これは、書籍でいえば、索引に相当する。
3　ページ（ファイル）間にリンクを貼ることによって、体系を作る。これは、書籍で言えば、目次に相当する。

以上によって、「無限にためて瞬時に引き出す」という仕組みが、誇大広告ではなく文字通りに、出来上がります。

つまり、「情報をクラウドに上げることによって、検索とリンクの仕組みが可能になり、いくら複雑で巨大な体系でも自由自在に操れる」ということです。その意味で、これは、AI（人工知能）とクラウドの時代におけるメモ帳なのです。

第1－2章　「超」メモはどんな役に立つか

1　「超」メモは仕事を進める上で不可欠

どんな情報を保存すればよいか？

どのような事項についてメモが必要かは、もちろん、人によって違います。しかし、多くの人が共通に必要とすることもあります。図表1－1－4で示した「インデックスページ」には、そのような事項を示しています。これを出発点として、あなた自身の体系を作ってください。

これらの事項についてどのような内容のメモが必要かは、将来の自分がどのような情報を必要としているかによります。ところが、それは予測しがたいものです。ですから、「メモで保存したのに使わない」、あるいは逆に、「必要なのに保存していない」という事態が頻繁に発生します。

それはやむをえないことです。いったん作った体系をいつまでも続けるのではなく、状況の変化に応じて自由に作り替えていってください。「超」メモは、こうした要請に柔軟に対応することができます。

「データドリブン」な仕事体系を作る

毎日同じことを繰り返すだけのルーチンワークに従事している人であれば、「超」メモは必要とされないかもしれません。

しかし、現代社会のほとんどの仕事では、多くの情報を捉え、それに応じて仕事の中身を変化させる必要があります。状況が変化すれば、これまでやってきた仕事の中身ややり方を変える必要があります。そのためには、世の中にある膨大な情報の中から、仕事に必要なものをピックアップし、記録していく必要があります。

「データドリブン経営」が必要と言われます。世の中の状況を的確に把握するデータシステムを作り、それに応じて経営方針をつねに修正していくということです。これが必要なのは、企業経営に限ったことではありません。企業の中で仕事をしている個人個人についても必要なことです。

企画部門や調査・研究部門の仕事では、もちろんこうしたことが必要です。営業の仕事をしている人も、多数の取引先や顧客の情報を管理しなければなりません。また、個人で仕事をしている場合にも、同じことが求められます。

変化する複数の仕事を同時並行的に進める場合には、とくに必要です（多数の仕事を関連付けながら進めることについては、第3－2章で述べます）。

会社の仕事で必要になるメモ

会社に勤めている人は、様々な機会にメモを書く必要があります。

具体的には、次のような情報の記録が必要でしょう。

まず、会議のメモ。会議中はPCやスマートフォンに入力するのが難しい場合が多いでしょう。そこで、紙に手書きでメモを残すことになります。それを写真にとっておけば、「超」メモのシステムに取り入れることができます（写真メモの整理については、第3－3章、第

3―4章を参照してください)。

記憶が新しいうちに、写真メモを参照しながら、音声入力で記録をデジタル化することをお勧めします。

なお、会議のたびにファイルを改めるのが普通でしょうが、そうすると、あとから見い出しにくくなります。このために、第1―1章で述べた多層ファイリングの体系を作っておきます。

この他に、つぎのようなメモが必要になるでしょう。

・新事業についての提案アイディア
・上司から言われていた問題に対しての解決アイディア
・会議で行なう予定のプレゼンテーションのメモ
・役に立ちそうな新聞記事
・取引先相手に関するメモ

業務日誌用に最適

私の場合には、業務日誌に付けるようなことはほとんどありません。しかし、多くの人は、業務上の約束事などをメモしておくことが重要な場合が多いでしょう。

メールのやりとりで仕事をしている場合には、メールを参照すれば約束したことは見い出せます。しかし、相手には伝達していないことで、こちらが記録しておくべきものもあります。

こうした場合の一つの対処法は、自分宛てにメールを送って、こうした事項をメモしておくことです。ただし、あまりに多数のメールがあると、見い出しにくくなります。したがって、重要な案件については、「超」メモに残しておくのがよいでしょう。

仕事の進捗記録を残しておくことが必要な場合もあります。

「超」メモは、営業関係の仕事などで、必要な資料を相手に見せる必要がある場合にも活用できます。

執筆のためにアイディアを捉え、成長させる仕組み

「超」メモが一番活躍するのは、原稿書きの仕事においてでしょう。私は「超」メモを、連載原稿や書籍などの執筆のために使っています。書籍や連載ごとに目次ページがあり、ここから個々の章、あるいは回の原稿にリンクが貼ってあります。

考えついたアイディアを逃さないように捉え、それを成長させていくために、「超」メモの仕組みは、不可欠です。頭の中で考えているだけでは、アイディアは成長しません。バラバラでとりとめもなく、体系もないからです。しかし、それを音声入力でテキスト化すれば、目に見える形になります。

原稿を書く場合に一番難しいのは、出発することです。非常につたないものであっても、何か下書きがあれば、それを直すことによって完成させていくことができます。「とにかく何か書いておく」のが重要なのです。

重要なのは、思いついたアイディアを、いつでもどこでも書き留めておけること。そして、それをどんなときにでも引き出せる状態にしておくことです。それができれば、アイディアを成長させていくことができます。

このようにして書籍を書き上げていくプロセスとそのための仕組みを、『書くことについて』（角川新書、２０２０年）で述べました。私は、このシステムがあるために仕事を続けることができています。

本書では、アイディアメモについて、第２－３章の３で述べています。

この方法は、報告書や課題レポートなどを書く場合においても、大きな力を発揮するでしょう。

「やり方」をメモしておく

仕事のやり方で、細かい点などを忘れてしまうことがあります。これらはメモしておく必要があります。

ＰＣやスマートフォンの操作法やウエブの作業などで、いくつかの（簡単ではない）方法が必要なときに、作業手順をメモとして残し、後で作業の際に参照します。

とくに画像ファイルについては、特殊な手続きが必要となることが多く、またあまり頻繁には使わないため、メモしておかないと、やり方を忘れてしまいます。こまめにメモしておきましょう。

毎回同じことが必要であるにもかかわらず、忘れてしまうことが多いものです。こうした事項は、「超」メモに書き出しておきます。

例えば、ビデオ会議の準備メモがあります。ミーティングが始まると、席を外すことができません。友人たちとの会合なら席を立つこともありますが、セミナーや講演などで講師役を務めているときには、その場を離れられません。

そこで、事前準備が必要です。室温の設定は大丈夫か？　インターフォンチャイムを鳴らさぬようにとの警告板を玄関に出したか？　緊急連絡用のスマートフォンを持ち、相手先電話番号をメモしたか？　等々です。

仕事の「取り掛かり」を作る

もう一つ「超」メモが威力を発揮するのは、メールの下書きです。

出さなければならないが、なかなか書く気にならないメールというものがあります。とくに、謝罪や断りのメールがそうです。書かないでいると、ますます壁が高くなり、書きにくくなります。

しかし、先に述べたように、こうしたものであっても、下書きがあれば、それを修正していくことによって、書くことができます。

何も書いていないのと、何か手掛かりが作ってあるのとでは、非常に大きな差があるのです。何か書いてあれば、それがつたない文章であっても、修正して完成させるのは容易です。

この方法が有効なのは、メールに限ったことではありません。あらゆる仕事について、言えることです。すでに述べたように、書籍を書く場合にも、「取り掛かり」を作ることが最も重要なのです。

2　「超」メモで、日常生活を快適に

仕事だけでなく、日常生活を便利・快適にする

以上で述べたように、「超」メモは、仕事を進める上で不可欠です。

ただし、「超」メモが活躍するのは、仕事の上だけではありません。生活のあらゆる面で便利に使うことができます。日常生活のメモは、誰にとっても有効なものです。

この場合にも、どのようなメモが必要かは、人によって違いがあります。したがってその

人の事情を考慮しつつ、それに合った仕組みを作るのが良いでしょう。最初からきちんとした体系を作る必要はなく、必要に応じて付け加えていくというやり方を取るのが良いと思います。

記録メモ－日記や健康メモ

生活上のメモの第1グループは、記録のメモです。私は日記を付ける習慣がないのですが、旅行したときのメモや園芸メモは、ときどき付けています。

受験生であれば、勉強の進捗日記を付け、目標とする水準のどこまで進んだかをチェックするとよいでしょう。また、育児日記も必要でしょう。

生活上の記録メモの第2グループとして、健康メモがあります。

体重や血圧を測定している方が多いと思います。これらのメモのために専用のアプリがありますが、そのようなものを使わなくても、「超」メモに記録しておくだけで充分です。そのほうが、手軽に使えるので便利な場合が多いでしょう。

また、常用薬のメモにも使えます。新しい薬を処方される場合などに、服用中の薬を答える必要があります。薬手帳というものがあるのですが、常時持ち歩くことはできません。しかし、常用薬メモは、いつ何時必要になるかもしれません。したがって、常用薬メモを、必要なときにすぐに引き出せる「超」メモの仕組みに入れておくと便利です。

ＴＯＤＯなどのアラートメモ

生活上のメモの第３グループは、「アラート（警告）メモ」です。

アラートメモとしては、まずＴＯＤＯメモがあります。処理しなければならない案件を覚えていようとすると、それで頭が一杯になってしまって、本来の仕事に集中できなくなるおそれがあります。要処理案件の記憶は、ＴＯＤＯメモに任せるべきです。

もう一つ重要なものとして、外出時のチェックメモがあります。日帰りで外出する場合や、旅行等について、携帯品やチェック事項をメモしておき、出発の際に確認します。

同じことを何度も繰り返していながら、同じ失敗を何度も繰り返すことがあります。例えば、旅行時にスマートフォンの充電コードを忘れるといったことです。

また、「家の電気器具の電源を切ったか？　鍵を掛けたか？」などが気になることがあります。忘れたのではないかと心配になり戻ったことも、一度や二度ではありません（問題はありませんでしたが)。

図表1－1－4に例示してある携帯品等チェックリストは、宿泊を伴わない外出時のものです。宿泊する場合には、さらにいくつかの持ち物が必要になります。それについてもメモしておく必要があります。このメモは、経験を重ねるたびに更新していきます。

また、買い物リスト、書籍の購入予定リストなども作ると便利でしょう。

時刻表へのリンクは意外に便利

意外に便利なのが、電車の時刻表です。いつも使う駅の時刻表サイトへのリンクを貼っておきます。

私はこのようなリンクを前から作っていたのですが、開くのが面倒で、実際にはあまり使いませんでした。「超」メモにこのためのページを作り、キーワードや多層ファイリング(リンク)の仕組みで簡単に開けるようになってから、利用度が増えました。駅のプラットフォームには時刻表がありますが、そこまで歩いて行くより、「超」メモを開くほうが簡単です。

最近では、バスのリアルタイム運行状況をQRコードで見られる場合が増えています。このQRコードの写真を、Google フォトに保存しておきます。必要になったときは、その写真を選んで「Google レンズ」の機能を用いれば開くことができます。

3　重要書類の保存・管理に使う

取扱説明書や重要書類は、URLや格納場所をメモしておく

取扱説明書は、これまでは印刷物でしたが、家庭電化製品などについては、最近ではウエブに詳細な説明書があります。

これらは、必要になったときにウエブを検索すれば見い出すことができるでしょう。使用している製品についてのウエブサイトのURLを「超」メモに残しておけば、つぎからはすぐに見ることができます。

生活上、重要な書類や情報がいくつかあります。例えば、つぎのようなものです。

・銀行預金通帳　健康保険証　運転免許証　車検証　契約書

これらは、現状では紙の書類になっている場合が多いでしょう。

それらにつき、書類の格納場所をメモしておくとよいでしょう。そして、その情報を家族と共有しておきます。

スマートフォンの購入契約書やWi-Fiの契約書は、機器交換時や契約更新時に必要になることがあります。しかし、大事にしまいこんでしまうと、かえってわからなくなることがあります（「押し出しファイリング」に格納しておけば失うことはないのですが、古いものがすぐに見い出せるわけではありません。また、重要書類をここに格納することについて、心理的抵抗を持つ人が多いと思います）。

重要書類の写真を撮って、ロックをかけておく

書類紛失等の事故があったとき、番号などの情報だけでもあると、事態が改善する場合が多いでしょう。

ただし、これらの情報をそのまま「超」メモに記録するのは、安全の点から問題なしとしません。

機密を要するのであれば、書類を写真にとり、それをWordファイルに貼り付けてロックをかける方法が考えられます。この方法の詳細は、第２－７章の４で述べます。

パスワードの管理は簡単ではない

ウエブサイトへのログインや、スマートフォンのロック解除、あるいは銀行口座へのアクセスなど、様々な場面で、ＩＤ、パスワード、ＰＩＮなどの入力を求められます。同じパスワードにすると安全性が落ちるため、異なるパスワードを作る必要があります。ところが、そうすると、非常に多数のパスワードができることになり、とても覚えていることができません。これらをどのように記録し、管理するかが、現代人にとっての喫緊の課題です（注）。

指紋認証や虹彩、顔認証など、生体認証もだいぶ普及してきました。しかし、あまり使いやすいとは言えません。私は、iPhone の指紋認証や顔認証をいまだに使っていません。

パスワードを忘れてしまうと、ウエブサイトなどを利用できなくなり、面倒な事態に陥ります。この危険は大いにありうることなので、どこかに記録しておくことは不可欠です。

しかし、普通のメモと同じように「超」メモに記録するのは、安全のために、しないほうがよいでしょう。

パスワードを忘れる危険と、パスワードが漏れる危険。この二つのリスクに対処する必要があるわけで、決して簡単な課題ではありません。
（注）なお、これは、現在の仕組みが「集中型ＩＤ」と言われるもので、サービスを提供する企業の側で管理する仕組みになっているために生じることです。これに対して、個人がＩＤを管理する「分散型」という仕組みが開発されつつあります。

安全優先なら、パスワードは紙に記録しておく

私はこれまで、ＩＤやパスワードを、つぎの二つの方法で記録・保存してきました。

・紙のノートに記入してあります。
・ＵＳＢメモリに記録し、これを通常はインターネットから切り離してあります。

ただし、これらの方法も完全とは言えません。第1に、必要になった場合に参照するのが、やや面倒です。

第2に、これらのノートやUSBメモリを紛失してしまう危険がないわけではありません。USBメモリは小さいので、暫く使わないでいると、どこに格納したかを忘れてしまうこともあります。また、パスワードを変更したのに、記録を書き換えるのを忘れていると、混乱が生じます。

以上のような問題があるため、右の方式は必ずしも完全なものとは言えません。そこでGメールと「超」メモのシステムを結合させてパスワードを管理することが考えられます。これについては、第２－７章で説明します。

4　ウエブサイトへの巨大リンク集を作る

ブックマークでなく、リンク集

インターネットのウエブサイトへのリンク集を、「超」メモの中に作ることができます。頻繁に使うウエブサイトをここに登録しておけば、すぐに開くことができます。

巨大なリンク集を作ることができます。そして、どこでもすぐに目的のサイトにアクセスできるので、大変便利です。

これまでは、端末ごとにブックマーク（お気に入り）を作っていました。しかし、これでは、数が多くなってくると目的のサイトを見い出すのが難しくなります。ポピュラーミュージックなどでは短いものが多いので、YouTube へのリンク集を作ると、数が非常に多くなってしまいます。こうした場合でも、「超」メモであれば、効率的に引き出すことが可能です。

こうしたリンク集の作成は、なかなか楽しいものです。ただし、次から次へといろいろなものを見てしまい、仕事に支障が生じる危険もあります。くれぐれも注意してください。

なおこのリンク集を、趣味の近い人と共有することもできます。

仕事のためのリンク集を作る

リンク集は、楽しみのためのものだけではありません。仕事のためにも極めて有用です。

しばしば参照するサイト（統計のサイトなど）にも、リンク集を作っておきます。

その例として、つぎのウエブページをご覧ください。これは、私が note に作ったもので、大変便利に使えます。

統計サイトは、検索だけではなかなかうまく利用できません。例えばＧＤＰについて調べたいとします。「ＧＤＰ」を検索語として検索すると、様々なサイトがヒットして、どれを見たらよいのか、すぐには見当がつきません。

ＧＤＰ統計を作成している内閣府のサイトを開くと、極めて多数の表が掲載されており、一体どれを見たらよいのか、途方にくれてしまうでしょう。あまりに様々なものがあるため、自分が求めているデータがどの表にあるのかがわからないのです。

同じことが、ほとんどの政府統計についていえます。例えば、労働力統計調査を見てください。多数ある表のどれを見たらよいのか、見当がつきません。

何度か試行錯誤してみて、自分の一番使いやすい表を見つけたら、そこにリンクを貼っておくようにしないと、使えるようになりません。

下のＱＲコードで開かれる「使える日本経済統計ナビゲーション」では、このような事情を考慮して、多くの人にとって最も使いやすい表がどれであるかを示しています。

使える日本経済統計ナビゲーション
https://note.com/yukionoguchi/n/n26b5d2e32bdb

写真の整理システムを作れるか？

スマートフォンで写真を撮るのが簡単になったため、写真でメモを取ることが多くなってきました。

紙片に書いたメモ、新聞記事、名刺、領収書などは、保存する必要があるにもかかわらず、整理が難しいものです。これらについては、写真を保存することが考えられます。

問題はその整理です。これは、難しい課題です。

とりあえずは、重要な写真についての目録を作ることが考えられます。撮影日のインデックスを作るのです。

なお、写真データの整理については、第3－3章で詳しく論じることとします。

第1―3章　紙からの脱却

1　紙は一覧性でデジタルより優れている

紙の長所は一覧性

紙とデジタル情報は、処理、伝達、最終的な閲覧という各側面において、どちらが優れているでしょうか？

情報処理手段として、紙は多くの長所を持っています。

まず、紙と筆記用具さえあれば、すぐに記録を残せます。

もう一つの重要な長所として、一覧性があります。電子書籍やウエブの文献は、読みやすさの点で印刷物にかないません。ゲラの校正作業も、書籍のような分量になると、PDFファイルでは非常にやりにくくなります。

紙の書籍であれば、クロスレファレンス（様々なページを参照すること）は容易にできます。しかし、デジタル情報では、異なるページの参照は面倒な作業です。このため、複雑に関連したページの編集作業をデジタルで行なうのは、非常に困難です（この問題については、本章の3で再び論じます）。

一覧性という性質は極めて重要であり、デジタル情報がいくら進歩しても、紙の長所として残るでしょう。

紙の書籍や新聞はなくならないだろう

最終的なプロダクトの人間とのインターフェイスでは、デジタルよりも紙のほうが優れています。そして、この状態が近い将来に大きく変化するとは考えられません。最終的なプロダクトを表示することは大変重要なので、デジタルがこれを代替することは、少なくとも近い将来においては考えにくいことです。

10年ほど前に、「紙の書籍は絶滅して、電子書籍に代わるだろう」と言われたことがありました。しかしそのようなことは起きず、紙の書籍はいまだに健在です。紙の書籍が電子書籍によって完全に駆逐されてしまうことは、多分ないでしょう。最終的な生産物、つまり書籍という形での印刷物は残るでしょう。書籍だけでなく、新聞や雑誌も多分残るでしょう。

新聞の場合、ある記事をどの程度の大きさで紙面のどこに置くかによって、その記事の重要性を示しています。これが重要な機能です。デジタルな新聞では、これがわかりません。

記事の内容を保存するにはデジタルの方が圧倒的に便利であり、新聞記事の切り抜き作業は悪夢のようなことでした。それにもかかわらず、紙の新聞はなくならないと思います。

人間とのインターフェイスでは紙の方が親和性が高い

メモでも、紙に頼らざるをえない場合があります。例えば、人と話しながらメモを取るとき、紙に書いていれば、熱心に聞いているという印象を与えます。しかし、ＰＣに向かってキーボードを叩いていると、あまりいい印象を与えません。また、話をしながら別の操作するのは、なかなか難しいことです。

こうしたこともあって、多くの人が、メモには紙を用いていると思います。メモ帳、またはノート、あるいは、手近にある紙片などに書く場合が多いのではないでしょうか。

つまり、入力の場合にも、人間とのインターフェイスでいえば、紙の方が親和性が高い場合が多いということです。

「超」メモなら、すべてのメモや書類を持ち歩ける

情報の持ち運びにはどちらが便利でしょうか？

1枚の紙片であれば、スマートフォンを持つよりも簡単に持ち運べるでしょう。しかし1枚の紙片でできることには、限度があります。ですから、紙片を常に持っていてそれにメモすることは必要ですが、それだけに頼るのでは能率が落ちます。

紙束はかなり重いので、持ち歩ける情報量には限度があります。実際、書籍を書店から持ち帰るのに、重いと感じることがあります。

ましてや、「自分が管理しているすべてのメモや書類を持ち歩く」などということは、もちろんできません。

情報がデジタル化されても、ＰＣなどの端末をいくつも持ち歩くわけにはいきません。

しかし、「超」メモなら、それができるのです。

２　情報処理過程ではデジタルが優れる

情報の処理過程では、デジタルが圧倒的に優れている

問題は、最終的なプロダクトに至るまでの、情報の加工過程なのです。

この過程において、紙よりデジタルが圧倒的に優れているのは、論じるまでもなく明らかなことです。

具体的に言うと、情報の処理過程において、紙にはつぎのような問題があります。

・物理的にかさばるため、収納スペースに限度がある。
・コピーが面倒で、コストがかかる。
・離れた地点に情報を送るのに、時間とコストがかかる。
・計算、編集、検索などの作業が簡単にはできない。
・検索やリンクができないため、必要な情報を必要なときにすぐに引き出すことができない。

・メールやファイル共有などの手段によって情報を送ることができない。

検索ができないのは、情報の処理手段としては致命的な欠陥です。検索ができるとできないとでは、情報の利用に大きな差が生じます。

検索できない状態に置かれた情報は、利用することが困難です。ところが、検索できるなら、事前に何の措置をしていなくとも、目的の資料を見つけられる場合も多いのです。

紙だと宝の持ち腐れになって成長させられない

この結果、紙で情報を保存していると、宝の持ち腐れになってしまって、それを利用することができません。

とくに大きな問題は、アイディアを徐々に成長させて最終的な作品を作っていくのが困難なことです。

クリエイティブな仕事では、様々な情報を関連付けて、そこから新しい価値を見い出していくということが必要なのですが、紙を使っていると、こうした作業が難しいのです。

デジタルな仕組みをうまく作ることによって、これが可能になります。書籍などを作り上げていく過程においてはこの機能を使えるかどうかが大きな差になります（これが、『書くことについて』で述べた仕組みです）。

したがって、紙を中心にした事務処理を続けている人や会社、あるいは国と、それをデジタルで行なう人、会社、国との間では、大きな差ができてしまいます。

紙のメモでは、アイディアを活用できない

本章の1で、メモをとるには、紙のほうが簡単だと述べました。

しかし、紙のメモにはつぎのような問題があります。

メモを取りたいと思ったときに、メモ用紙がないことは頻繁にあります。

忘れないうちに記録を残そうと思って手近にあった紙に書くと、すぐ行方不明になります。

昨日書いたメモでさえそうです。ましてや、1か月前となれば、絶望的です。

ノートに書いても、一年前のメモなどでは、どこに書いてあるのか、探し出すのが大変です。

さらに、メモを活用する場合にも問題があります。データを処理したり計算したりする場

合には、手書きのメモでは、厄介です。省略した形でなぐり書きしてある場合が多く、あとからみて内容を判読できないときもあります。

こうなると、折角いいアイディアを思いついたのに、それを成長させ、完成させていくことができません。思いついたアイディアは無駄になってしまいます。そうであれば、アイディアを思いつかなかった人と同じことになります。

考えついたアイディアを保存しいつでも取り出せる態勢を作ることは、アイディアを考えつくのと同じように重要なことです。

世の中には、「どうすればいいアイディアを思いつくか」に関する本が沢山あります。しかし、「思いついたアイディアを逃さずに捉え、それを成長させていく」方法論を論じた本は見たことがありません。これは、奇妙なことです。

紙ではなくスマートフォンのメモにすれば、いつでもどこでも書けるし、見られます。また、音声入力ができます。そして、どんな端末からもアクセスできるようになります。

「超」メモでは、「記録したものがなくなる」ということはありません。データをクラウドに上げれば、スマートフォンが壊れても、紛失しても、記録を引き出すことができます。

これによって、連続的な積み上げが可能になります。小さな積み上げでも、長い時間の中では、大きな差をもたらします。

3　デジタルファイルの一覧性のなさを「超」メモが克服

処理過程でも一覧性が重要なことがある

この章の2で、「情報の処理過程ではデジタルが優れている」と述べました。

しかし、情報の処理過程においても紙の方が優れている場合があります。

例えば、書籍のゲラの校正作業です。この場合、他の箇所を参照することが多いのですが、ゲラがＰＤＦなどのデジタルな形態になっていると、これがうまくいきません。

他のページを素早く参照するのがやりにくいのです。したがって、多くの場合、校正作業はゲラを紙に打ち出すことによって行なっています。

デジタルＰＤＦで校正することは技術的には可能であり、雑誌などの記事のような短いものについては私もＰＤＦで行なっています。しかし、書籍の場合には、ＰＤＦではなくプリントアウトした紙について行なっています。

校正だけではありません。執筆や編集をしているときにも、紙の方が効率的にできる場合があるのです。

デジタルファイルは一覧性がない

書籍を書いているとき（あるいは編集や校正をしているとき）に、離れている箇所の記述との関連がどうなっているかを比較することが、頻繁に必要になります。

例えば、10ページに書いてあることと105ページに書いてあることは、矛盾していないか？同じことを言っているのではないか？ 繰り返しに過ぎないのではないか？ 105ページの記述は10ページの記述の前にないとおかしいのではないか？ 等々です。

これらをチェックし、必要に応じて書き直す必要があります。

原稿用紙に原稿を書いているのであれば、この2箇所の原稿を並べれば、それらを同時に見ることができるので、比較することがごく簡単にできます（図表1－3－1参照）。

ところが、原稿がデジタル形式で、かつそのデータを端末に保存している場合には、このようなことができません。

一つのファイルにある異なる箇所を比較する場合には、その二つの箇所を移動しなければなりません。場所が離れていてスクリーンに収まり切れなければ、同時に見ることができないのです。

別の端末があるとしても、その端末にはこのデータは入っていないので、スクリーンにこのファイルを出すことができません

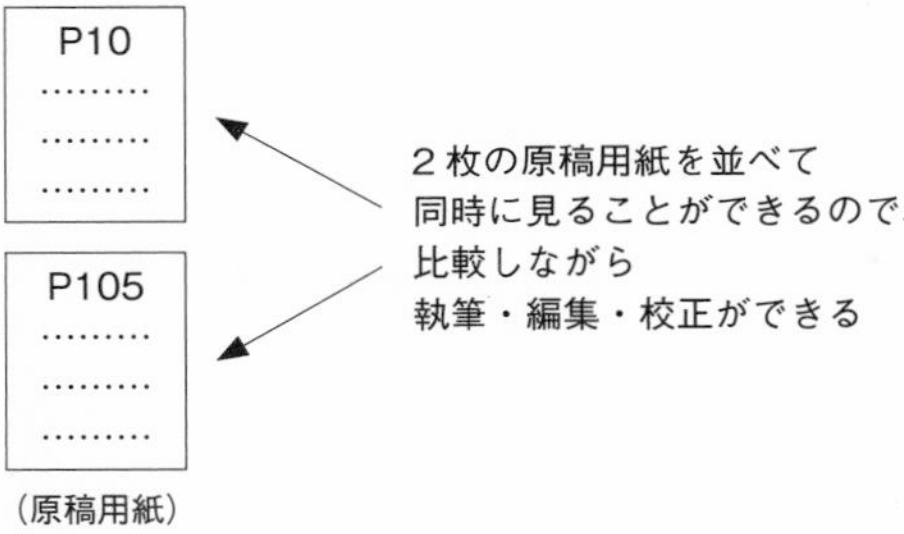
P10
P105
２枚の原稿用紙を並べて
同時に見ることができるので、
比較しながら
執筆・編集・校正ができる
（原稿用紙）

図表１－３－１　紙の原稿用紙に書いた原稿

テキストエディタを用いている場合には、ジャンプ機能があるので、ファイルの異なる箇所への移動が比較的容易にできますが、それでも同時に見ているわけではないので、紙の原稿のようなわけにはいきません。

異なるファイルを比較する場合には、それらのファイルを同時に開いておけば良いので、参照は比較的簡単になります。しかし、やはりファイル間の移動が必要になります。

こうした問題に対処するため、私は、長い間、ＰＣで書いたデータをプリンターで紙に打ち出し、そこで編集作業を行なっていました。

編集結果は、もちろんＰＣに入力する必要があります。

これはかなり面倒な作業であったのですが、どうしても必要と思われたのです。

しかし、暫く前からプリンターでの印刷がどうしても面倒になり、プリンターは廃棄してしまいました。

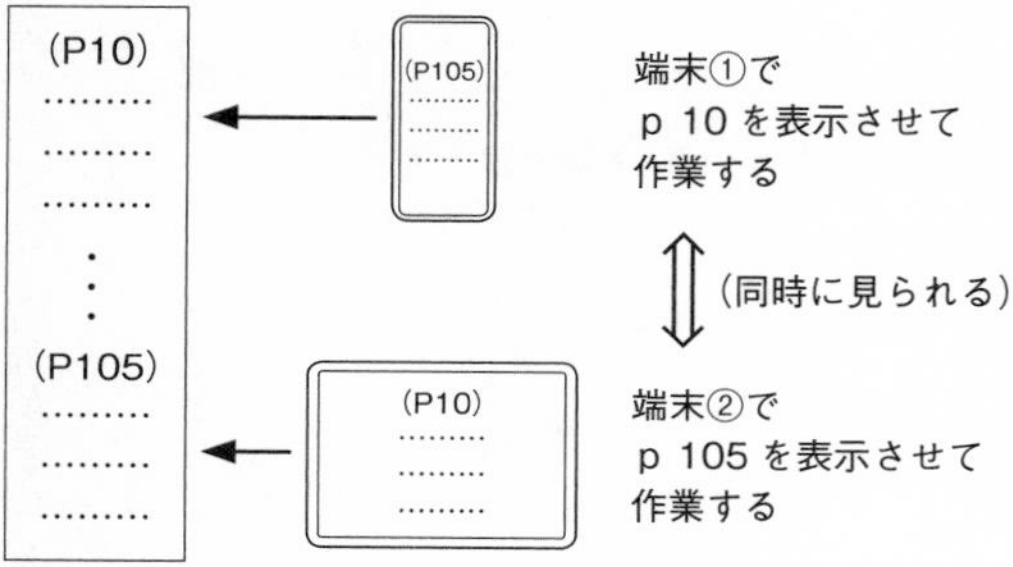

(P10)
(P105)
(P105)
端末①で
p 10 を表示させて
作業する
(同時に見られる)
(P10)
端末②で
p 105 を表示させて
作業する

図表1－3－2　テキストファイルに書いた原稿

デジタルファイルの一覧性のなさを克服

ところが、この原稿が「超」メモに格納されていれば、この問題が解決されます。

複数の端末を用いて、一つのファイル、あるいは異なるファイルを、各端末に表示すれば良いのです。そうすれば、紙の場合と同じような比較が可能になります（図表1－3－2、1－3－3参照）。

一つのファイル、あるいは関連するファイルを、複数の端末で同時に見ることができるのは、データをクラウドに保存しているからです。

クラウド保存方式のこの効果は、きわめて強力です。

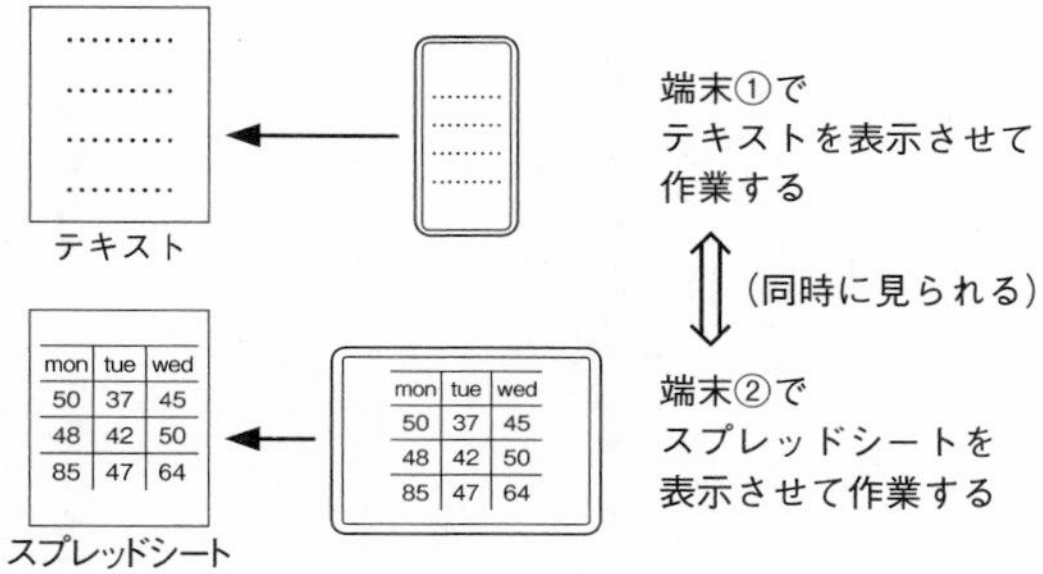
テキスト
スプレッドシート
mon tue wed
50 37 45
48 42 50
85 47 64
端末①で
テキストを表示させて
作業する
（同時に見られる）
端末②で
スプレッドシートを
表示させて作業する

図表1－3－3　テキストファイルとスプレッドシートからなる原稿

端末①でファイルの内容を修正していくと、端末②に見える画面も自動的に同じ画面に変わっていくのです。端末①がスマートフォンで、そこで音声入力していくと、端末②の画面がリアルタイムで変わっていきます。この情景を初めて見た人は、まるで魔法を使っているように感じるでしょう。

　クラウドを利用しない場合には、あるファイルを二つの端末で見たいとすれば、端末①にあるファイルをコピーして、端末②にも置いておく必要があります。

　しかし、そうすると、端末①で修正した内容は端末①のファイルにしか反映されません。したがって、深刻なドッペルゲンガ・シンドロームが起きます（「ドッペルゲンガ・シンドローム」とは、極めて似ているが少し違うファイルが複数できてしまって、どれが正本だかわからなくなることです。第2－5章の4を参照）。

関連するファイルを同時に見られると、仕事の能率が向上する

関連するファイルを異なる端末で同時に見ることができると、作業の能率が飛躍的に向上します。

例えば、ある原稿はテキストファイルとスプレッドシート（表計算シート）から成り立っているとしましょう（図表1－3－3）。

これらがクラウドに上がっている場合、次のように作業を進めることができます。

PCで表計算のファイルを開き、そこで計算をします。他方、スマートフォンでテキストのファイルを開き、計算結果を見ながら、音声入力でテキストの文章を作っていきます。

このような作業法は、データを端末に保存していてはできないことに注意してください。

仮にしようとすれば、テキストデータはPCに保存し、Excelデータをノート PCに保存するといった方法を取る必要があります。ところが、このようにすると、一つの原稿の記録が別々の端末に置かれてしまうために、後の取り扱いが面倒になります。

テキストのデータと表計算のファイルは一体となって原稿を構成しているのですから、簡単に両者を合わせて取り出せるようになっていることが必要です。

第1－4章　「捨てなければならない」という固定観念を捨てる

1　「要らないものを捨てる」という考えを捨てる

「要らないものは捨てる」では方法論になっていない

「超」メモを使う場合に最も重要なのは、「捨てる」という努力をしないことです。その代わり、大量の資料の中から必要なものを見い出すために努力を集中します。

整理の問題について書いた本を読むと、「捨てることが重要」と書いてあります。

これについて、つぎの3点を指摘したいと思います。

第1は、「要らないものを捨てる」では、方法論になっていないことです。これは、ノウハウであるように見えながら、実は何の役にも立っていません。

なぜなら、「何が要らないものか?」を識別するのが難しいからです。要らないものが何かを知るためには、方法論が必要です。

それを示さずに「要らないものを捨てよ」というのは、ある種のトートロジー(同義語反復)でしかありません。

情報を保存するスペースに制約はなくなった

第2に指摘したいのは、捨てる必要の緊急度は、モノと情報では違うということです。捨てる必要があるのは、第1に、収納スペースに限度があるからです。そして第2に、対象が多数になると、必要なものを探し出すのが困難になるからです。

モノについては、いまでもこの二つの問題があります。

要らないものを残しておくと、新しいものを置く場所がなくなるし、必要なものがすぐに見い出せなくなります。

情報も、紙媒体の時代にはそうでした。ついこの間まで、われわれは、ほとんどの情報を紙で扱っていました。書籍、雑誌、新聞、書類等々です。これらについて、捨てることは、どうしても必要だったのです。

ところが、情報がデジタル情報になって、事態が大きく変化しました。情報について、スペースの制約はなくなったのです。情報をデジタル化すれば、事実上無限にためることが可能になりました。

テキストならGoogleドライブにいくらでもためられる

Gメールや Google ドキュメントは、「Google ドライブ」という仕組みで保存されます。この容量は、15ＧＢまでは無料です。月２５０円で１００ＧＢまで拡張できます。

１ＧＢとは１ＭＢの千倍、１ＫＢの１００万倍です。テキストファイルのサイズはＫＢのオーダーですから、まったく問題にならないと言ってよいでしょう。

画像のデータが仮に１枚１・５ＭＢだとしても、15ＧＢあれば１万枚収納できます。１００ＧＢまで拡張してあれば、10万枚近く収納できます。動画を扱っているのでなければ、個人の利用にはこれで充分と言えるでしょう。

たくさんためると動作が遅くならないか？

以上のような数字を見ても、まだ「捨てなければならない」という強迫感から脱却できない人が多いと思います。そう考えるのは、つぎの理由によるのでしょう。

1　蓄積したデータ量が多くなると、検索、表示等の動作が遅くなるのではないか？

2　ファイルの数が多くなると、目的のファイルを見い出しにくくなる。目的のファイルが多数のファイルの海に呑み込まれてしまう。

これらのうち、1は、問題ではありません。Google のサーバの容量はとてつもなく大きいので、一個人の使用容量が増えたところで、何の影響もないのです（どの程度大きいかは、本章の3で述べます）。

このことは、Gメールについて、私は実感として認識していました。

私は、Gメールが利用可能になってまもなく利用を始め、日常的な連絡のほか、原稿を出版社に送るためにも使っていました。この結果、自分自身で把握できないほどの多くのデータがGメールに保存されているのですが、検索のスピードは、まったく影響を受けていません（現在、私がGメールで使っているGoogleドライブの容量は、10GB程度です）。

右の2は、重要な問題です。本書の目的は、この問題に答えるシステムを構築することにあります。

「捨てるためのコスト」は大きい

第3に、モノでも情報でも、「要らないモノを捨てる」ためのコストは、決してゼロではありません。

デジタル情報の場合にも、捨てるのは、簡単なことではありません。メールボックスには、毎日大量のメールが押し寄せます。この結果、メールの記録の中には、宣伝のメールなど「要らない情報」が山ほど溜まっています。

これらをいちいち点検して必要なものと不必要なものを区別し、不必要なものを削除するという作業をやっていたら、それだけで多くの時間をとられてしまいます。これは、実際には不可能なことです。

メモのために写真に撮ることが増えてきました。これらを「捨てる」のは、それほど簡単なことではありません。

そんなことに時間を費やすのでなく、必要なメールや写真を素早く見い出すための方法論を考えるべきです。

2　引き出すことに努力する

どうすれば引き出せるか

そこで、「捨てるという努力をすること」を捨てることにします。

データ保存容量の制約がなくなったので、「要らないものを捨てる」という考えを捨て、「必要なものを後から見い出す」という考えに転換すべきなのです。

すると、大きな可能性が開けます。

ここで問題になるのは、「必要な情報をどのようにして引き出すか?」です。これは決して簡単なことではありません。

2019年に刊行した『「超」AI整理法』（KADOKAWA）では、このための手段として、「超」メモ帳というものを提案しました（第3章）。これは、キーワードによって必要な情報を検索しようとするものです。

本書の第2部では、この方法をさらに推し進めた仕組みを提案します。それによって、必要なファイルを直ちに引き出すことができるようになります。この方法は、テキスト文書だけでなく、写真にも応用することができます。

これを実行するにあたって大きな障害になるのは、「要らないものまで保存している」ことに対する心理的な抵抗です。このような心理的な束縛から脱却することが、デジタル時代の情報整理の出発点になります。

なお、私は、「捨ててはいけない」と言っているのではありません。簡単に捨てられる場合には、捨てます。重要なのは、「そうしたところで、事態が大幅に改善されるわけではない」ということなのです。捨てるかどうかは、いわば、どうでもよいことです。

重要なのは、きわめて多数になったファイルから目的のものを引き出すための仕組みを作り、それを維持することです。これこそ重要です。

何が重要で、何がどうでもよいことか。この区別を見誤ってはいけません。

「捨てる努力」より「引き出すための努力」を

要らなくなった情報を捨てようと努力するよりも、必要な情報をつねに引き出せる状態に維持するために努力するほうが、はるかに重要なのです。

そのために必要なのは、適切な仕組みを作ること。そして、それを維持し続けることです。これは、紙に書いたメモについても、多くの人が行なっていることです。

紙片に書いたメモの場合は、機会があるごとにチェックして、いらなくなったら捨てるでしょう。そうしないと、必要なものが見い出せなくなってしまうからです。

また、ノートにメモを書いている場合には、必要なくなってもノートを捨てることはしていないと思いますが、その代わりに、後から必要になりそうなところを赤丸で囲ったりしているのではないでしょうか？　捨てることができないので、引き出すための努力をしているのです。

これは、「超」メモの方法と基本的には同じものです。ただし、「超」メモでは、ノートに赤丸をつけるのとは比べ物にならないほど強力で正確な引き出しが可能になります。

３　固定観念から脱却できた人が未来を作る

クラウドを使えば「天文学的」飛躍が可能に

本章の１で、「Google のサーバの容量はとてつもなく大きい」と言いました。では、どの程度大きいのでしょうか？

Google のデータセンターのディスク容量がどの程度かは公表されていないのですが、全世界で10ＺＢ（ゼタバイト）程度と推測されています。

これは、現在多くの人がもっている外付けハードディスクの容量であるＴＢ（テラバイト）の10億倍です。「10億倍」という数字は大きすぎて、直観的に把握しにくいものです。そこで、つぎのように考えてみましょう。

１メートルを10億倍すれば１００万キロメートルになります。これは地球から月までの距離の約２・６倍です。だから、10億倍になるということは、人間の身体を宇宙的サイズに拡大するようなものです。

しばしば「天文学的」という表現が用いられますが、われわれが人間の身体のサイズで仕事をしているとすれば、Google は、天文学的サイズで仕事をしていることになります。

ところが、われわれはクラウドを使うことによって、Google が持つゼタバイトの仕組みを利用することが可能になるのです。だから、これまでのように端末にデータを保存するのでなくGoogleドライブに保存すれば、天文学的な飛躍が生じることになります。

「超」アーカイブを用いることによって仕事のやり方が根本から変わってしまうのも、当然のことです。

その一つの現れが、「情報を捨てることでなく、探し出すことに努力を集中する」ということです。

われわれはこれまでも、技術進歩によって多くの変化を経験してきました。例えば交通機関のスピードの向上です。それによって、仕事の内容もやり方も変わりました。しかしそれは、「これまで1日かかっていた移動時間が数時間で済むようになった」という程度の変化です。つまり、せいぜい10倍の変化です。それだけでも大きな変化が生じるのです。

それに対して、ここで問題としている変化は10億倍の変化です。人間の歴史の中でこのように大きな変化が生じたのは、これまでなかったことです。

固定観念から脱却できない

以上のように言いつつも、実は、私自身が、「捨てなければならない」という強迫観念から完全に脱却することができないでいます。

ファイルをいくら大量に保存しても、スペースの制約がなくなってしまうことはないと、理屈では分かっていても、心配が残るのです。

音声認識機能がスマートフォンで使えるようになり、文章作成が飛躍的に楽になったとき、この方法を、『話すだけで書ける究極の文章法』（講談社、２０１６年）に書きました。これを記録するファイルとして Google ドキュメントを選んだのですが、記録したファイルを後から見い出すには、タイトルを用いていました。このため、ファイルの数を多くしないよう、完成したファイルは削除するということを行なっていたのです。

つまり、Google ドキュメントをアーカイブとして用いるという発想にはならなかったのです。

私が Google ドキュメントを使い始めた頃にいちいちファイルを削除していたのは、ファイルの分量が多くなってくると、目的のファイルを探すのが困難になってくるからです（その当時にはキーワード検索もリンクも行なわずに、ファイル名を頼りにファイルを探していたのです)。

本書で述べている方法、つまり検索やリンクを用いることにより、ファイルを見失うことはなくなりました。それにもかかわらず、私自身がいまだにそれを実感として納得できません。ファイルが多すぎると検索時間が長くなるのではないか？　処理時間が長くならないか？　などと考えています。

デジタル情報についても、「捨てなければならない」という強迫観念から脱却できないのです。つまり、「いらないものを保存しておいてもよい」ということが、実感として理解できないのです。

これは、やはり人間の本能には反することなのでしょう。われわれはいま、本能に反する行為を要求されています。

変化に対応できる人が未来を作る

情報に関する条件が大きく変わったので、考え方と行動を変えることが必要です。データが爆発的に増大しているので、それらをいかに管理するかが、仕事の効率に大きな影響を与えます。

ところが、多くの人が惰性にとらわれて、これまでと同じことを続けています。条件が変わったことを知らない、あるいは、知っていても、それに応じて行動を変えるべきだということを意識できないのです。

データが少なかった頃の方法を惰性的に続けていては、データ洪水に対処できません。しかし、他方で、このような変化に気づいている人もいます。そして、仕事のやり方を変えている人もいます。

そのような人たちが新しい時代に適応していくことになるでしょう。

第2部　「超」メモから「超」アーカイブへ

第２－１章　どのようにして目的のファイルを見い出すか？

１　目的ファイルを見い出すための四つの方法

多数のファイルから目的のファイルを見い出す

本書で論じていることの目的は、非常に多数の文書（ファイル）の中から、目的の文書（ファイル）を効率よく探し出すことです。

以下で提案するのは、そのための方法論です。

この詳細は、第２－２章から第２－４章で論じますが、ここでおおよその全体像を示しておきましょう。

ファイルとフォルダ

最初に用語について整理しておきましょう。

Google ドキュメントでは、「ファイル」が基本的な構成要素になっています。本書でも、ひとまとまりの情報を「ファイル」と呼んでいます。ただし、本書では、ファイルのことを「ページ」といったり、「文書」といったりすることもあります。紙の場合は、「書類」ということもあります。

いくつかのファイルをまとめて収納するポケット（入れもの）を「フォルダ」といいます。紙の書類をまとめるために、様々な「ファイル・フォルダ」が作られ、販売されています。デジタル化されたファイルの場合にも、フォルダという言葉が登場します。これは、本章の3の方式でファイルを整理する場合の「ファイルの入れもの」のことです。以下に述べるように、デジタルのフォルダも、様々な意味において紙のフォルダと同じような性質を持っています。そして、この性質のために、様々な問題が生じるのです。

２　ＭＴＦとファイル名で見い出す

ＭＴＦによってファイルを並べ、ファイル名によって見い出す

目的のファイルを見い出すためには、つぎの四つの方法があります（図表２－１－１参照）。

第１の方法は、ＭＴＦ（Move to Front）とファイル名によるものです。

ＭＴＦは、「使ったファイルをもとの位置に戻すのでなく、先頭に置く」という方法です。これによって、頻繁に用いるファイルは、ファイル一覧の先頭のほうに集まります。そこで、ファイル名を用いて簡単に探すことができます。この方法の詳細は、第２－２章で述べます。

これが、『「超」整理法』の「押し出しファイリング」の考えです。最も手軽であって、しかもきわめて強力な方法です。

常に使っていると、簡単に引き出せるようになります。頻繁に使っているファイルが先頭に集まってくるからです。

例えば、ＴＯＤＯファイルを頻繁に更新していれば、いつも見い出しやすい位置に来ます。

長所	短所
簡単、紙でも使える	いつでもすぐに目的ファイルを見い出せるわけではない
紙でも使える 分類が的確であれば、機能する	コウモリ問題（第２－６章の２) 土地課税問題（第２－６章の２) 誤入がありうる 組み替えが面倒
素早く確実に目的ファイルを見い出せる 組み替えできる コウモリ問題を克服する	リンク貼りがやや面倒 デジタル化し、クラウドに上げないと実行できない
検索語が適切なら 素早く目的ファイルを見い出せる	リンク方式より簡単 デジタル化し、クラウドに上げないと実行できない

『「超」整理法』で用いている方法は、ＭＴＦのみです。

ＭＴＦで何が先頭にくるかは、人によって違います。したがって、押し出しファイリングは、共有できません。個人用のシステムです。

しかし、ここで提案するシステムでは、以下に述べる方法によっても引き出せるので、共有できます。会社でも使えます。

なお、机の上にただ書類を積み上げていくということを行なっている人は多いと思います。こうした方法は「きちんと分類して整理していないので、望ましくない」と言われてきました。しかし、「使ったものを一番上に戻す」というこ

方法	概要	例
1 MTF	使ったファイルを先頭に置く	押し出しファイリング コンピュータのキャッシュメモリ
2 フォルダ	ファイルを分類して格納する（書籍の目次のようなもの）	ファイリングキャビネット 図書館の書籍分類 生物の分類 ウインドウズの「PC」（旧「マイコンピュータ」）
3 リンク	ファイル間にリンクを貼る	「超」メモの「多層ファイリング」 ブックマーク
4 検索	検索でファイルを見い出す（書籍の索引のようなもの）	「超」メモ

図表2－1－1　目的のファイルを見い出すための四つの方法

とを続けていればMTFになっているので、効率的な仕組みだと評価することもできます。

もっとも、書類を積み上げると、下の方にある書類を調べるため引き出すのは大変です。

「押し出しファイリング」は、書類を横に並べることによってこの問題を解決しています。その意味で「縦のものを横にする」だけなのですが、これによって、使い勝手は大幅に向上します。

3　紙の場合の正統法―フォルダ方式

フォルダによって分類する

第2は、「フォルダ」によって分類する方法です。

書類や資料などを整理するための正統的な方法は「フォルダ方式」でした。これは、ファイルを格納するフォルダを作り、そこに格納する方式です。

ファイリングキャビネットがその例です。ファイルを一定の分類に従って格納します。図書館もこの方式を採用し、書籍を一定の分類で格納しています。

なお、フォルダは多層構造（多段階構造）にすることができます。つまり、まず大分類のフォルダを作り、その一つ一つを細分していくのです。例えば、「生物」を「動物」と「植物」に分類し、「動物」を「哺乳類」、「鳥類」、「魚類」などと細分化します。

こうしてカスケード（段々になっている滝）のようにつながるフォルダを作ることができます。

デジタル情報でもフォルダ方式が用いられる場合が多い

情報がデジタル化されたあとでも、この方式が引き継がれてきました。

ＰＣの端末にデジタルデータを格納する場合にも、この方式が用いられます。ＰＣでウインドウズのシステムを使っている人は、ファイルを「ＰＣ」（以前は「マイコンピュータ」という名称だった）という仕組みで分類・保存しています。多くの人がこの方式でデジタル情報を保存していると思います。

デジタルファイルをGoogleドライブのようなクラウドで保存している場合にも、この方式で分類・収納することが可能です。いくつかのフォルダを作り、その中にファイルを収納するのです。フォルダの中にサブフォルダを作ることによって、多層のシステムを作ることもできます。

しかし、フォルダ方式には、第2－5章、第2－6章で論じるように、いくつかの問題があります。このため『「超」整理法』において、「ファイルを分類せずに並べよ」「時間軸を頼りにしてファイルを見い出せ」と主張したのです。

4　デジタル情報ならリンクが可能

ファイル間にリンクを貼る

ファイルを見い出すための第3の方法は、リンクを貼ることです。

目次ページ（ルートページ）から個々のファイルにリンクを貼れば、目次ページを開いてファイル名を選択することによって、個々のファイルを開けます。「リンク」は、デジタル文書で初めて可能になった方法です。

これによって、確実に目的のファイルに到達することができます。ただし、このシステムを構築するのは、やや面倒です。そのため、繰り返し使うファイルの管理に適しています。

この方法の詳細は、第2-3章で述べます。

なお、PCやスマートフォンには「ブックマーク」（お気に入り）という機能があります。これも、リンク方式の一種です。

ただし、ブックマークは、多数のファイルを扱うには不便です。それに対して、「超」アーカイブでは、多層のリンク集を作れます。つまり、多次元の目次ができるわけです。

リンクとフォルダは違う

リンク方式はフォルダ方式と似ていますが、つぎのように、大きな違いがあります。

第1に、フォルダ方式では、目的のファイルにたどり着くためのルートは一つしかありません。それに対して、リンク方式では、複数のルートを作れます。このため、分類に伴ういくつかの問題を解決することができます。これについて、第2－6章の2と3で説明します。

第2に、フォルダ方式では、いったん作った体系を作り直して新しい体系を作るのは困難です。それに対して、リンク方式では、後から新しい体系を作ることが容易にできます。このため、問題意識が変わったり、仕事の内容が変わった場合にも柔軟に対処することができます。この方法によって、「超」メモの中に巨大なリンク集を構築できます。頻繁に参照するウエブサイトへのリンクもできます。

多段階のカスケード構造にすれば、リンク先をいくら追加しても、迷子になることはありません。これによって、作業の能率が飛躍的に高まります。

5　デジタル情報なら検索が可能

検索で目的ファイルを見い出す

第4の方法は、検索です。

ウエブで目的のページを見い出すには、検索ウィンドウに検索語を入力し、検索エンジンが見い出した候補から目的のページを選びます。

Google ドキュメントで作成したファイルについても、同様の手続きで目的のファイルを見い出せます。

これも、情報をデジタル化したために利用できるようになった方法です。この詳細は、第2－4章で述べます。

これは、書籍の索引と同じような機能を果たします。いちいちリンクを貼る必要がないので、簡単に利用できます。そのため、頻繁に書くメモなどに向いています。

「タグ」（検索用キーワード）をファイルに付けておくと、検索が容易になります。後からファイルにつけることも簡単にできます。後で使う可能性があると思った記録には、タグをつけましょう。

ただし、どんなタグを付けたかを忘れてしまい勝ちです。そこで、「タグ一覧」を作って、バックアップします。

キーワードとリンクを併用する

リンク集は、一度作ってしまえば、使うには便利です。しかし、作るには手間と時間がかかります。

一方、キーワード方式では、キーワードをファイルに付けるのは簡単ですが、どんなキーワードをつけたかを後で忘れたりします。このため、求めるファイルを即座に、また確実に引き出せないこともあります。

このように両者は一長一短なので、併用するのがよいでしょう。

いつまでも繰り返し利用し続けるものには、リンクシステムが向いています。ウエブページへのリンク集、薬のリスト、血圧などの記録、外出時の携帯品リストなどです。

他方で、暫くすれば使わなくなるものには、キーワード方式が向いています。アイディアのメモや原稿の下書き、あるいは新聞記事の記録などです。

6 「超」メモから「超」アーカイブへ

本書で用いるのはMTFとリンクと検索

以上で述べたことをまとめると、「リンク」とはひもでつないでおくようなことです。デジタルひもは、どのようなつなぎ方でもできます。

「フォルダ」というのは箱に入れることです。入れ子式の箱です。しかし、一つのものを二つの箱に入れることができません（デジタル情報なら、コピーしたものを他の箱に入れることができますが、正本が二つできるという深刻な問題が発生します）。

本書では、MTFとリンクと検索の方法を用います。

リンクと検索の方法を用いるためには、ファイルがクラウドに上がっていることが必要です。このような方法をとることによって、膨大な数のファイルをきわめて効率的に管理することができます。

第1部ではこのシステムを「超」メモと呼んでいました。しかし、ここまでくると、あまりに高性能であるため、「超」アーカイブと呼ぶ方が適切であるような感じがしてきます（「アーカイブ」とは文書保管庫のこと）。

そこで、以下では、「超」アーカイブという呼び名も用いることにします。

ただ、これは「超」メモと別のものではありません。第2部で述べるような様々な手法を用いて「超」メモを発展させ成長させたものが「超」アーカイブであり、両者は基本的に同じものです。

あらゆるファイルを「超」アーカイブに格納する

「超」デジタルアーカイブは、「超」メモを進化させて作った、本格的なデジタルデータ保管庫です。名前はいかめしいのですが、誰でも簡単に作ることができます。

デジタルアーカイブに収納する文書として、まずメモがあります。それだけではなく、完成した原稿等も収納できます。

テキストファイルだけでなく、写真や画像を収納することもできます。またスプレッドシート（表計算シート）を格納することもできます。

個人用に使えるだけでなく、グループの共同作業にも使えます（この場合には、Googleドキュメントの「共有」機能や「コメント」機能が威力を発揮します）。

さらに、組織の業務用に使うこともできるでしょう。

第2-2章　押し出しファイリングの思想を発展させる

1　「押し出しファイリング」とは何か？

「押し出しファイリング」とは

「押し出しファイリング」は、拙著『「超」整理法』（中公新書、1993年）で提案した書類の整理法です。

「資料を封筒に入れ、新しく作った封筒は左端に入れる。使った封筒は、もとの位置に戻すのではなく、左端に入れる」というものです。

使わなかった封筒は、時間が経つにつれて次第に右に押し出されていきます。収納場所が一杯になったら、右端から捨てます（ただし、長期間使わなくても残しておきたい資料もあるので、チェックしてから捨てます）。

「使った封筒をもとの位置に戻すのではなく、左端に入れる」というのは、最初は面倒だからそうしたのです（「もとの位置」がわからなくなる場合が多いため）。

ところが、やっているうちに、これに重要な意味があることがすぐにわかりました。これは、「使っていないものを自動的に見い出す仕組み」なのです。

そして、先頭にあるものは見い出しやすい。この方法によれば、頻繁に使うファイルは、見い出しやすい位置に置かれることになるのです。

デジタル時代でも、最も簡単で最も強力な方法

これは、コンピュータサイエンスでＭＴＦと呼ばれる方法です。「使ったファイルをもとの位置に戻すのでなく、先頭に置く」ということです。この詳細は、本章の2で説明します。

ＭＴＦは、デジタル時代においても、最も簡単でありながら、最も強力な方法です。すぐに利用することが明らかなファイルであれば、ファイル名をつけなくても、ファイル一覧の上のほうに位置しているので、すぐにわかります。

書籍の執筆を行なっている場合などには、いくつかの同じファイルを何度も開くことになるので、ファイル名さえつけておけば、すぐに、しかも確実に開けます。

２　「超」整理法は数学的に最適

キャッシュメモリの設計思想

私が『「超」整理法』を書いていた頃、コンピュータサイエンティストも、コンピュータのキャッシュメモリ（高速で出し入れするメモリ）の設計に関して、同じ問題を考えていました。到達した結論も同じです。

これについて、ブライアン・クリスチャン、トム・グリフィス『アルゴリズム思考術――問題解決の最強ツール』（早川書房、２０１７年）が説明をしています。

数年前、執筆中の著者から、メールと国際電話でインタビューを受けました。原著 *Algorithms to Live By, The Computer Science of Human Decisions* は、２０１６年に Henry Holt and Co. 社から刊行されています。

著者たちは、この本の中で、「「超」整理法は、数学的に見て最適な方法である」と評価してくれました。これは大変嬉しいことです。

もう少し詳しく言うと、「超」整理法は、「コンピュータサイエンスにおけるLRUやMTFと同じものだ」というのです。では、LRU、MTFとは何でしょうか？

LRU－使わないものを捨てる

「キャッシュ」とは、超高速で読み書きできるメモリ。容量はあまり大きくないので、優先度が高いデータを入れます。そのため、一杯になったらデータを捨てる必要があります。では、どのデータを捨てるべきでしょうか？

LRU（Least Recently Used：最長時間未使用の原理）がその答えです。直訳すれば「最近で最も使われなかったもの」ということですが、「最後に使われてから最も長い時間が経ったもの」という方がわかりやすいでしょう。それを捨てるのです。

なお、「捨てる」といっても、廃棄するとは限りません。大容量で低速な記憶装置に移すのです。

「超」整理法は、まさにその方法をとっています。ファイルを押し出していくことによって、自動的にLRUを行なう方法になっています。

この場合も、押し出されたファイルは必ずしも捨てるわけではありません。「長期間使わなかったが、記念のために残して置きたいもの」はあります。私は、それを「神様ファイル」と名付けました。これらは、倉庫に収納します。

LRUは、コンピュータ以外でも広く使われています。図書館で用いられている「12年間一度も読まれなかった本は倉庫に送る」というルールは、その例です。

MTF－使った資料は元に戻さず、先頭に置く

右に述べたのは、キャッシュからの捨て方です。もう一つは、「キャッシュに新しいデータを加えるとき、それをどこに入れるか？　そして、使用したデータは、どこに戻せばよいか？」という問題です。

正確に言うと、「同一の探索値で次回探索したときに最短時間で探索できるようにするには、キャッシュのデータをどのように配置換えすればよいか？」という問題です。これは、「自己組織化リスト」(Self-organizing list) の問題と呼ばれます。なお、この場合、探索は端から順に一つずつ調べることとします。

この問題について、1970年代から80年代に、コンピュータ科学者が一連の研究を行ないました。

もし要求されるデータの確率が知られているなら、確率の高さの順に、先頭から並べていけばよいのは明らかです。しかし、実際には、要求確率はわかりません。では、どうしたらよいでしょうか?

『アルゴリズム思考術』によると、1985年にダニエル・スリーターとロバート・タージャンが発表した論文が、この問題を解決しました。それによれば、使用したデータをリストの先頭に戻せばよいのです。これは、MTF法と呼ばれます。そうすれば、探索時間は、要求確率がわかっている場合の2倍以上にはならないことを、彼らは証明しました。

「超」整理法はMTFそのもの

前述のように、「超」整理法においても、使ったファイルは、元の場所に戻すのでなく、一番左に戻します。これはMTFそのものです。

押し出しファイリングを使っているうちに、「探索の時間は、一定の範囲に収まる。しかも、当初予想していたより短い」ということがわかりました。「探索時間は、普通は数秒。

暫く使わなかったファイルでも2、3分」と『「超」整理法』に書きました。

これは経験から得た知識です。私は『「超」整理法』執筆時にスリーター＝タージャン論文は知らず、『アルゴリズム思考術』の著者から電話でインタビューを受けたときに、初めて教えられました。

『アルゴリズム思考術』はつぎのようにいいます。

机の上にうずたかく積み上がった書類の山は、罪悪感をかき立てるよどんだカオスなどではなく、じつはこのうえもなく巧みに設計された効率的な構造だと言える。他人の目には無秩序に見える山が、実際は自己組織化する山なのだ。（田沢恭子訳）

このことも私は意識していました。そして、「世の中に『隠れ「超」整理派』は沢山いる。ただし、彼らは『このままではいけない』と考えている」と書きました。そして、「「超」整理法とは、縦のものを横にするだけのことだ」とインタビューなどで話していました。「縦を横にするだけで、絶大な効果が得られる」というのが重要な点なのです。

3 「超」メモでも重要な押し出しファイリングの思想

最も簡単でしかも強力

第1−1章で述べたように、「超」メモにおけるGoogleドキュメントのファイル一覧ページでは、頻繁に編集しているファイルがつねに先頭近くに表示されることになります（ただし、ファイルの並べ方を、「閲覧順」でなく「編集順」に設定して置く必要があります）。したがって、リンクを貼ったり、検索語を設定するなどの特別の操作をしなくても、ファイル一覧ページで、すぐに見い出すことができます。

つまり、MTFの原則に従ったファイル配置が可能になるわけで、「超」整理法の「押し出しファイリング」と同じようなことが実現されます。

なお、「編集順」の設定でも、問題がないわけではありません。

「メタインデックス」（基本インデックス：全体の総目次）は、頻繁に参照するにもかかわらず、編集するのはそれほど頻繁ではないため、一覧ページの下のほうに行ってしまう場合があるからです。

これを避けるには、「メタインデックス」のどこかに「あ」という文字を入力しておき、それを時々削除したり、再入力したりします。こうすると、編集されたことになるので、「メタインデックス」は常時、上方に位置し、使いやすくなります。

「メタインデックス」をすぐに開くためには、これ以外にも方法があります。それらについては、第２－３章の２で述べます。

頻繁に使うから使いやすくなる

右に述べたことからわかるのは、「頻繁に使っているファイルは見い出しやすくなる」ということです。

われわれは、一定の期間はある仕事を集中して行なうので、同じようなファイルを頻繁に開きます。ＭＴＦの原理でファイルを並べておけば、そうしたファイルが見い出しやすくなるのです。「超」整理法における押し出しファイリングや「超」メモが機能的なのは、そのためです。

この意味で、押し出しファイリングも「超」メモも、人間の仕事パタンによく適合した合理的な資料整理法ということができます。

「超」整理法を発展させる

第1－4章で述べたように、「要らないものを捨てましょう」とよく言われますが、これは、トートロジーに過ぎません。「何が要らないか？」が分からないから苦労しているのです。

「超」整理法は、内容別分類法の批判から出発しています。そして「LRUとMTFを基本的な原則とせよ」と主張したのです。「超」メモも、同じ思想にたったものです。そして、検索やリンクなど、デジタル情報処理の方法を応用して、「超」整理法をさらに高度なものに進化させたのです。このようなことが可能になったのは、情報を扱う技術が進歩したからです。紙の場合には不可能であった方法（検索やリンク）が使えるようになりました。それを最大限に利用したのが本書の方法です。

また、「整理は分類」と昔から言われてきました。しかし、分類はきわめて難しい問題です。資料の多くは、一義的な分類はできません。この問題は、第2－6章で詳しく論じることとします。

４　使い続けることが重要

TODOメモで「好循環」がおき、使えるようになった

これまでＴＯＤＯメモとしていろいろな方法を試みたのですが、なかなかうまく使えませんでした。

ところが、「超」メモの中に作ったＴＯＤＯメモは、便利に使えるようになりました。それは、すぐにメモを開けるからです。

ＴＯＤＯメモに頻繁に書いたり消したりしていると、ほぼ常時、先頭近くに位置するようになるので、すぐに見い出せます。

すぐに見い出せるので、簡単に書き込めるようになります。簡単に書き込めるので、つねに更新され、そして先頭近くにきて見い出しやすい、ということになります。つまり、「好循環」がおきるのです。

これからわかるのは、「使い続けているのが重要」ということです。

「好循環」のためには、「箱」は変えないで、中身を変える

ＴＯＤＯメモで右のような「好循環」がおきるのは、「ＴＯＤＯメモ」という「箱」は変えないで、中身を変えているからです。

もし、「＊＊月：：日のＴＯＤＯメモ」ということにして、毎日「ＴＯＤＯメモ」を作っていては、古いメモ（その中には未実行のため参照が必要なものもあります）は、見つけにくくなってしまいます。

このように、頻繁に使うものについては、箱を作っておいてそれを固定し、その中身を変えていくようにしたほうがいいのです。

同じことは、アイディアメモについても言えます。「アイディアメモ」という箱を作って、その中身を随時取り替えるようにするほうがよいのです。仮に「＊＊月：：日のアイディア」ということにして、日にちごとに別のファイルにしてしまうと、古いファイルはタイムラインの下のほうに沈んでしまって、見い出しにくくなってしまいます。

紙のメモでは、どうしてもこのようなことになってしまいます。「箱固定」方式をとってＭＴＦの法則を機能させられるのは、「超」メモがデジタルのメモ帳であるためです。

使わないと錆びてしまう

右に述べたことは、ＴＯＤＯメモに限りません。本書で提案している仕組み全体が、使い続けることによって機能します。

これまで述べたように、押し出しファイリングは使い続けることによって機能する仕組みなのですが、「超」メモも同じです。

逆に、使い続けていないと、錆びてしまいます。使っていない機械が錆びてしまって動かなくなるのと同じことです。便利な仕組みを作ったのに、使わないでいると、どのような仕組みを作ったかをさえ忘れてしまうのです。

本書では検索のためにキーワードを作ることを第２－４章で提案していますが、使わないでいると、どんなキーワードを設定したかを忘れてしまいます。第２－３章で説明する方法で便利なリンク集を作ったのに、作ったこと自体を忘れてしまうのです。

あるいは、アイディアを書き留めるための便利な仕組みを作ったのに、そこに書くことを忘れてしまう。そして、紙に書いて紛失してしまいます。

忘れないためには、使い続けることしかありません。維持し続けるとは、使い続けることです。

スマートフォンをいつでも持ってアクセスできるようにしておくこと。そして、そこに書き込むことを心がけましょう。

第2－3章　リンクで確実かつ即座に見い出せる

1　リンクを貼れば、即座に確実に見い出せる

ファイル間にリンクを貼る

第2－1章で述べたように、目的のファイルを探し出すには、四つの方法があります（①MTFとタイトル、②フォルダ、③リンク、④検索）。このうち、①と④では、必ず探し当てられるとは限りません。

目的のファイルを見い出すための最も確実な方法は、インデックスページ（目次ページ）からリンクを貼ることです。

Google ドキュメントはクラウドに格納されているので、ファイルごとにＵＲＬが付されています。したがって、これを用いてリンクが貼れるわけです。（注）

これにより、目的ファイルを、確実に、そして多くの場合に即座に見い出すことができます。

極めて多数のファイルを、このように見い出せることの効果は、絶大です。

Google ドキュメントをＰＣで開いている場合には、画面上部に当該ファイルのＵＲＬが表示されていますから、それをコピーして目次ページに貼り付けます。

スマートフォンの場合は、共有ボタンを押すと、ＵＲＬがコピーできます。これを貼り付けます。

なお、以上で述べた方法よりも簡単にリンクを貼ることができます。これについては、「補論」を参照してください。

（注）メールの送受信記録もクラウドに保存されているので、メール１通ごとにＵＲＬが付されています。したがって、原理的に言えば、これを用いてリンクが貼れるはずです。しかし、実際には、ＰＣではこのＵＲＬによって目的ファイルが開ける場合がありますが、スマートフォンでは開けません。

多層ファイリングを作る

リンク方式のアーカイブのイメージを掴むために、ブラウザの「ブックマーク」（お気に入り）を思い出してください。ここに登録しておくと、目的のところをクリックするだけで、ウエブサイトなどを開けます。

ただし、これは、複数の項目がただ並んでいるだけです。これを「一次元のリンク集」とよぶことにしましょう。対象数が20個程度までなら操作できますが、対象がもっと多くなると、目的の項目を探し出すのが困難になります。

そこで、「超」アーカイブでは、多層ファイリング（多次元のリンク集）を採用することにします（図表１－１－３参照）。

第1層で、ごく大まかな分類をします。そのモデルが、図表１－１－４「多層ファイリングのひな形」で示したものです。

例えば、仕事用メモ、生活メモ、リンク集などといった分類です。

「仕事用メモ」という項目をクリックして開かれるファイルには、原稿（書籍）、原稿（連載）などという項目を立てます。これを第2層と呼ぶことにします。

「原稿」（書籍）をクリックして開かれるファイルには、個々の書籍のタイトルが並んでいます。これが第3層です。

ここで目的の書籍名をクリックすると、その書籍の各章を記載したページが現れます。これが第4層です。

その中から、例えば第3章を選ぶと、第3章の原稿が現れます。これが第5層です。

このような体系を構築しておけば、第1層からスタートして右のリンクを辿ることにより、必ず書籍の第3章の原稿を開けます。これに要する時間は数秒でしかありません。

多層ファイリングで、脳の制約を突破

仮に1層ごとに10個の分類項目を作り、5層のシステムを作ったとします。すると、10の5乗＝10万個のファイルを管理することができます。4層でも一万個のファイルを管理できます。

これは、他のシステムではとても管理することができない量です。

人間の脳の情報管理能力を突破できることがわかります。つまり、マジカルナンバーの制約を突破できます。これについては、第3－2章で詳述します。

なお、ファイルを沢山格納したところで、「超」アーカイブの容量が一杯になることはありません。テキストファイルを扱っている限り、「無限」といってよいでしょう。写真を入れても大丈夫です。

２　目的のファイルを瞬時に見い出す

数秒の差が決定的

「目的のファイルを数秒で開くことができる」と１で述べました。

数秒の差が決定的となる場合が、しばしばあります。

時間が切迫しているとき、数秒で目的ファイルを見い出すことができなければ、役に立ちません。あるいは、人に資料を見せるとき、10秒以上の遅れは致命的です。数秒でどんな資料も開けるようにしておく必要があります。その具体的エピソードを、第３－１章の２に書きました。

普段使う場合にも、すぐに引き出せれば、ストレスがなくなります。

出発点ファイルをすぐに開けるように

メタインデックスページは、リンクの体系において、他のあらゆるページの出発点になるページです。したがって、いつでも、確実に、しかもすぐに開けるようになっている必要があります。

ところが、このページは頻繁に参照はするものの頻繁に編集するわけではないので、何も措置しないと、時間とともに、ファイル一覧ページの下の方に沈んでいってしまいます。

そこで、つぎのような措置を講じておきます。

1　メタインデックスのファイル内で、1文字でもよいから、文字を記入したり、消したりします。すると、編集されたことになるので、MTFの原理によって、メタインデックスがつねに先頭グループにとどまります。これは、きわめて手軽にできて、しかも強力な方法です。

2　「ああああ」などというメタキーワードをつけて、ファイル一覧のページでこのキーワードを入力します（メタキーワードについては、第2－4章の3を参照）。

３　スターをつける。

スターを活用する

Google ドキュメントでは、重要なファイルにスターを付けることができます。スターをうまく利用するとファイルをスムーズに引き出せ、ストレスがなくなります。

ただし、あまり沢山のファイルにスターを付けると、本当に重要なファイルを見い出しにくくなります。せいぜい５個程度。できれば３個程度にするのがよいでしょう。あまり使わないでスターをつけていたものは、外すことにしましょう。

私の場合には、次のファイルにつけています。

・メタインデックス
・アイディア農場（本章の３参照）
・連載原稿
・書籍原稿

スターとMTFを併用

頻繁に使っているファイルは、MTFとファイル名によっても探し出すことができるようにしたいものです。そこで、次のようにします。

Google ドライブのアイコンと Google ドキュメントのアイコンの二つを、ホームページ（あるいはデスクトップページ）に作っておきます。

Google ドライブの最初のページには、スターつきのファイルだけを表示させるようにします。他方、Google ドキュメントのファイル一覧ページからは、MTFを利用して、最近使ったものをファイル名によって探し出していくことにします。

このようにすれば、目的のファイルに極めて簡単に、素早くアクセスすることができます。頻繁に使うファイルであれば、ほぼ即座に開くことができます。

頻繁に使うのがどんなファイルであるかは、作り始めの頃にはわからないかもしれません。使っているうちに徐々に頻繁に使うものがどれかがわかってきます。そのファイルにスターをつければよいのです。

「超」アーカイブは柔軟なシステム

ファイル間にどのようなリンクをつけたらよいかも、使っているうちに変わってくるかもしれません。最初のうちはわからない場合もあると思います。使いながら、最も頻繁にアクセスするファイルに最も簡単にアクセスできるような経路にしていくことができます。

「超」アーカイブでは、最初に作ったのと別の経路を作ることも可能です。例えば、先に述べたように書籍、連載などと分ける層は省略し、書籍名や連載名などを羅列したファイルにすることも考えられます。項目数が少なければ、この方が効率的でしょう。そうすれば、１層減らすことができますから、捜索時間を1秒程度は短縮できるでしょう。

また、あるファイルに到達するのに、複数の経路を作れます。「ラベル」という言葉を使うなら、一つのファイルに複数のラベルをつけられます。重要なファイルであれば、このようにしておくのがよいでしょう。

なお、こうした変更を行なう場合に、前のシステムを無効にしたり、ファイルの移動を行なったりする必要はありません。新しいリンク経路を作るだけです。「超」アーカイブは、このように、柔軟な仕組みです。

取り掛かりとして、第1－1章の図表1－1－4「インデックスページのひな形」をコピーした仕組みを作ってください。使いながら、項目やリンクの付けかたを徐々にあなた向きのものに修正することができます。

なお、この「ひな形」では、インデックスページから2層目のページ（例えばTODOメモ）にリンクを貼ってありますが、そのページからまたインデックスページにリンクを貼ってあります。つまり、1層目のページと2層目のページをぐるぐる回ることができるわけです。

このようなことは、フォルダ方式では実現できません。

3　コメント機能をリンクの代用に利用する

リンクは確実だが面倒

目的のファイルを常に簡単に引き出せるようにするのが、「超」アーカイブの目的です。

このために、MTFとキーワード検索とリンクを用いることを提案しました。

ＭＴＦもキーワード検索もかなりよく機能するのですが、万全ではありません。必ずしも成功するとは限りません。そこで、より確実に引き出すために、リンク方式を提案したのです。しかし、リンクを貼る作業は、やや面倒です。

本来であれば、メタインデックスからリンクを辿ってすべてのファイルに行けるようにすれば良いのですが、いちいちリンクを貼るのは面倒です。

確実に引き出せる必要があるもの、頻繁に利用するもの（私の場合には、原稿）には、リンクをつけておく必要があります。しかし、あとで使うかどうかわからないアイディアのメモなどは、いちいちリンクをつけるのはあまり効率的とはいえません。

システムは少しでも面倒だと機能しません。簡単に操作できることは、きわめて重要です。

以下では、リンクを貼る代わりにGoogleドキュメントのコメントの機能を利用する方法を説明します。

コメント機能を利用する「アイディア農場」

Googleドキュメントにはコメント機能があり、これをうまく利用すると、リンクの代用とすることができます。

ファイル内の任意の文字列に対して、コメントを書き込むことができます。このコメントは本文中には表示されないので、本文を読む際の邪魔にはなりません。そしてコメントをつけた文字列（オレンジの表示がつきます）から直ちに見ることができます。したがって、本文に関連して思いついたアイディアなどをそこに書き込んでおけばよいのです。

長い文章を書くには不便ですが、思いついたアイディアなどの記入などには、便利に使えます。

自分自身との対話

私は、このシステムを「アイディア農場」と呼んでいます。これは、『書くことについて』で提案した方式です。ここに様々なアイディアを記入していきます。

このシステムは、断片的なメモを見失わないために便利です。これによって、「家なき子」になったり「迷子」になったりする（つまり、記録には残っているのだけれど、どこにいったかわからなくなってしまった）アイディアがなくなりました。

これは自分自身との対話のプロセスともいえます。

この機能を利用して、原稿を徐々に書き加えていくことができます。ファイルを共有している場合は、オンラインのブレインストーミングを行なうこともできます。

アイディア農場のひな形

なお、第１－１章の図表１－１－４に示すひな形に、アイディア農場システムのモデルが含まれています。

1　ＱＲコードで、図表１－１－４にある note のページを開いてください。「仕事用メモ」の２番目にある「アイディアメモ」をクリックすると、「アイディア農場プロジェクト」というページが開かれます。

2　ここには、いくつかの項目が並んでいます。例えば、「日本経済」の項目の中の「日本の雇用」という項目にコメントを加えることによって、日本の雇用に関するアイディアを書き留めておくことができます。

ただし、このページは note のページであるため、コメントをつけることができません。

実際に使うには、このページをコピーして、Google ドキュメントに貼り付け、リンク構造を作ってください。

補論　「超」アーカイブ内にリンクを貼る方法

Googleドキュメント間にリンクを貼る

最終的に作り上げたい体系は、「インデックス（目次）ページから次の段階のページにリンクを貼り、そこからさらに次の段階のページにリンクを貼る」というものです。

以下の説明では、インデックスページから目的ページへのリンクの貼り方を説明しますが、目的ページからさらに他のページにリンクすることも、同じ方法でできます。

このようにして、多段階のリンク体系を作ることができます

URLを入手する方法

目的ページのURLを入手する方法①（スマートフォンの場合）

・ドキュメント一覧のページを開きます。
・目的ページの右にある「…」マークを選択します。
・「リンクをコピー」を選びます。
・インデックスページに貼り付けます。これでリンクが完了です。

目的ページのＵＲＬを入手する方法②（ＰＣの場合）

・目的ページを開きます。
・上のウィンドウ（アドレスバー）にそのページのＵＲＬが表示されているので、それをコピーします。
・インデックスページに貼り付けます。これでリンクが完了です。

より効率的にリンクを貼る方法

以上の方法では、インデックスページには目的ページのＵＲＬしか表示されません。どのページのＵＲＬなのかを示すために、目的ページ名を記入しておく必要があるでしょう。大した手間ではないとはいえ、若干面倒です。

以下の方法によれば、この手間を省いて、より効率的にリンクを貼ることができます（ただし、この方法は、デバイスによっては機能しない場合もあります）。

最初に述べた方法との手間の差はごくわずかなものなのですが、この「わずかの差」が重要です。これによってリンクを貼るのが格段に楽になります。

なお、以下に述べる方法を、下のＱＲコードで開かれるページで詳しく説明しています。

リンクの貼り方
https://note.com/yukionoguchi/n/n08bf13fa997d

１　「目的ページ」を開きます。そこにある何かの言葉を「キーワード」として選びます。そのページにタイトルが記入してあったら、それを選ぶとよいでしょう。そのキーワードをコピーします。
２　「インデックスページ」を開き、１でコピーしたキーワードを貼り付けます。
３－１　iPhone の場合
インデックスページに貼り付けたキーワードを選択し、画面上方にある「＋」マークを押します。そこで現れる画面で、「リンク」を選択します。すると、「リンクの挿入」画面が開きます。

上の欄には、選択したキーワード（ここでは、「note の作り方」）が示されています。画面下に、目的ページの候補が示されています。リンクの欄をクリックし、目的としたいページの表示（この場合は、「note の作り方」）をクリックします。リンクの欄に、このページの名称が入力されます。画面右上にあるチェックマーク（✓）を押します。これで、作業完了です。

３－２　ＰＣの場合

インデックスページに貼り付けたキーワードを選択し、マウスを右クリックします。開いた画面の一番下に示された候補のうち、目的ページとしたいもの（この場合は「note の作り方」）を選択します。すると、「リンク」の枠に、そのページのＵＲＬが入力されます。そこで、Apply を押します。これで作業完了です。

アプリの操作法は、今後変更される可能性があります（これは、本書で取り上げているすべてのアプリについていえます）。最新の方法はウエブの記事などで確認してください。

第2－4章　キーワードをうまく使って検索する

1　ファイル中の言葉をキーワードにして検索する

適切なキーワードを用いる

目的のファイルを見い出すための第4の方法は、「検索」です（図表2－1－1参照）。まず、目的のファイル中にあると考えられる言葉をキーワードとして検索します。これはウエブにある文書などを検索する場合とまったく同じです。

この際、「経済」とか「技術」のような一般的な言葉だと、多数のファイルがヒットしてしまうため、目的のファイルをうまく見い出せません。絞り込むためには、他のファイルにはあまり出てこない、そのファイル特有の言葉を用いる必要があります。

また一つの検索語でなく、複数の検索語の and 検索をすると、絞り込むことができます。

これらの注意も、通常のウエブ検索の場合と同じです。

「宛名」は重要なキーワード

相手の名前は、しばしば非常に強力な識別キーワードになります。

私が書いているものの多くは原稿で、出版社の編集者の方に送ることになっているので、その名前を書いておくことによって大変便利な識別子になります。

メールの送信記録から連載原稿などを容易に引き出せるのは、「送り状」を書いているからです。そこには、相手先の名前を必ず記しています。これが、後から検索する場合の強力なキーワードになるのです。

Google ドキュメントに格納する場合も、相手先がある場合には、それを記入しておくと、あとから検索する場合に有効なキーワードとして機能します。

リンクをつけないでそのまま忘れてしまってタイムラインの下のほうに行ってしまった文書を探し出せることも、時々あります。

この場合も、文章中のキーワードをうまく思い出すことによって探し出せることが多いのですが、このような成功体験をすると、感激です。

固有名詞は非常に強力なキーワード

宛名に限らず、一般に、固有名詞は非常に強力な検索キーワードです。とくに人名が強力です。

また、その文書に確かに書いてある言葉、しかも他の文章にはめったに書いていない言葉を思い出すことができれば、やはり強力な検索キーワードになります。

タイムラインの下のほうに沈んでしまっていても、確実に引き出すことができます。そのときには、深い海の底に沈んでしまったものを取り出せるような快感を覚えます。

こうしたことは、ローカルなPCや外付けハードディスクに文章を保存していては、まずできない芸当です。

検索できるかどうかの差は大きい

自分の作ったデータがデジタル化されていても、それを検索可能な形で持っている人と、タイトルでしか探し出せない人の間の能力の格差は、絶大です。検索もリンクもできない形でデータを持っていても、データをデジタル化することの利点の半分ぐらいしか利用していないことになります。

私は『「超」整理法』を書いていた頃、「Grep」というファイル間横断検索ソフトを持っており、これによって能率が大きく上がっていました。他の人たちがファイル内検索しかできないのに比べて、私の効率は高くなっていると思っていたのです。

リンクと検索によって、自分が作ったすべての文章を探し出せることの快感は、そして効率は、きわめて大きなものです。

これを経験すれば、文書をローカルな端末に保存することがいかに非効率かがわかります。個人でも簡単にクラウドが利用できるとわかったいま、もはや、ローカルな端末を正式の文書保管庫にはできません。

第3－1章で述べるように、私は10年くらい前に、Gメールが検索可能なデータ保管庫になっていることを発見しました。その段階で、文章がクラウドに上がっていれば検索できるということがわかったのです。

しかも、いくらデータをためても何も問題が生じない、検索のスピードも一向に落ちないいということもわかりました。それなのに、なぜそのときに、クラウド保存をもっと拡大しなかったか、残念です。

ただ、後になってからでも、わかっただけましと言えるでしょうが。

2　検索用キーワードを作る

検索用キーワード＝タグ＝ラベル

「タグ」とは、検索で引き出しやすくするために、文書に特別に書き入れるキーワードです。Gメールでは、これを「ラベル」と呼んでいます。ファイル間にリンクを貼るのと似た効果を持ちます。

文章を作ったときに書き込んで置くこともできますし、後から書き込むことも可能です。ファイル中のどこに書いても構いません。先頭に書けば目立ちますが、うるさいと感じるなら、末尾でも構いません。

書籍の原稿なら書籍名、連載原稿なら連載名などが使えるでしょう。ある言葉を繰り返せば、雑音を排除できます。略した言葉を繰り返すのでもよいでしょう。

例えば、「中国中国中国」とする。あるいは、「#中国」と、#をつけることも考えられます。連載の号数や書籍の章番号を入れておけば、その順に並びます。また、重要なファイルに「重要重要重要」と書き込んだり、「#重要」とすることも考えられます。

以上のキーワードは、重複しても構いません。忘れてしまうので、リストを作るとよいでしょう。

属性を表わすキーワードとしては、つぎのようなものが考えられます。

・原稿資料　定例会議資料　日誌　携帯品メモ　リンク集

メタキーワードを作る

「メタキーワード」は私の造語です。検索用キーワードの一種で、ファイルをカテゴリー別に分けるために特別に作ったキーワードです。これは、『「超」ＡＩ整理法』において、提案したアイディアです。

私の場合の例を、図表2－4－1に示しました。

どのようなカテゴリー分けをするかは、人によって異なるでしょう。

これらのカテゴリーごとに、図表2－4－1に示すような「メタキーワード」を作り、それを個々のファイルに書き込んでおきます。

例えば、「アイディア農場」（原稿のアイディアのメモ）のページのどこかに「いいい」というメタキーワードを書き込んでおきます。

メタキーワード	ファイル
ああああ	メタインデックスページ
いいい	アイディア農場
ううう	記録
えええ	写真
おおお	リンク集
mmma	連載原稿
mmmb	雑誌原稿

図表2－4－1　メタキーワード一覧

Googleドキュメントのファイル一覧のページで、検索ウィンドウに「いいい」と打ち込む（あるいは、音声入力する）と、アイディア農場のページが表示されます。

メタキーワードの機能は、第2－3章で述べたリンクに似ています。ファイルのどこかに「あああ」などと書くだけなので、リンクを貼るより簡単にできるという利点があります。

しかも、ファイル一覧のページから（リンクを順にたどることなく）直接に目的ページを開けるので、便利です。これは、「ラベル」（あるいは、「タグ」）の一種だと考えることもできます。

ただし、リンクほどピンポイントで目的ファイルにたどり着けるとは限りません。なぜなら、目的ファイル以外にも、「あああ」などという文字列を書いている場合があるからです。

また、メタキーワードは、数個しか作らなくても、暫く使わないでいると忘れることがあります。そこで、メタキーワード一覧のファイルを作っておくとよいでしょう。

メタキーワードとしては、「あああ」、「いいい」など、単音の繰り返しが便利です。なぜなら、これらは、キーボードから最も簡単に入力できる文字列だからです。

しかも、ファイルの本文中にはまず現れない文字列です。したがって、検索用のキーワードとして効率的に機能することになります。

メタキーワードを増やすこともできる

メタキーワードは、もっと増やすことができます。

問題は、あるファイルにどのメタキーワードをつけたかを、忘れてしまうことです。

なお、本文中に「あああ」と記入した場合、検索画面で「あああ」と検索しても引き出せます。しかし、本文中に「ああああ」と記入した場合、検索画面で「ああああ」と検索しても引き出せません。本文中に「ああああ」という言葉はないからです。

このことを利用して、次のような方法が可能です。

非常に重要なファイルには「ああああ」と記入しておきます。検索するとき、まず「ああ」をキーワードとして検索し、あまりに大量のファイルが引き出されてしまった場合には「ああああ」とする。それでもまだ数が多いなら「あああああ」とします。

あるいはこの逆に、キーワードを次第に短くして、検索対象を広げていくこともできます。

例えば、最初に「あああああ」と入力する。それで目的のファイルがヒットしなければ、「ああああ」で検索するといった具合です。

このようにして、メタキーワードにファイルの重要度を反映させることができます。

なお、一つのファイルに複数のメタキーワードをつけても構いません。

第2－5章　端末保存方式の問題点

1　データの端末保存には問題が多い

昔のデータ保存法をそのまま続けている

１９８０年代、すべてのデータは、ローカルな端末に保存していました。それ以外に保存の方法がなかったのです。

インターネットが利用できるようになってから、インターネット・メールを使えるようになりました。また、Google ドキュメントのようなクラウドサービスも利用できるようになりました。データをクラウドに保存することが可能になったのです。

それにもかかわらず、多くの人が、1980年代のデータ保存法をいまだに続けています。その方式が便利だから続けるというのではなく、深く考えずに、単なる惰性によってこの方式を続けている場合が多いのです（私自身が、数年前まで、そうでした）。

すべてのデータをローカル保存するのでなくとも、ほとんどの人が、少なくとも一部のデータはローカル保存しているでしょう。作業をローカルな端末で行なっている以上、当然のことです。

しかし、この方式は以下に述べるように様々な問題を持っているので、見直しが必要です。

データを別のデバイスで利用できない

データのローカル保存には、つぎのような問題があります。

まず、当然のことながら、ローカルな端末に保存されているデータを別のデバイスで使うときには、メールや共有機能などを用いて送らなければなりません。つまり一度クラウドに上げる必要があります。あるいは、USBメモリなどにコピーする必要があります。そして、そこで作業したものをまた送り返す必要があります。

また、事故などでデータを失うことがあります。バックアップをとって置けばよいのですが、面倒です。普段バックアップをとっていても、たまたまとり忘れたときに事故が起きてデータを失うことがあります。ハッキングなどに会うこともあります。

突然の停電があると、保存していない作業途中のデータを失います。台風の時期などには、この事故に注意が必要です。

これに対して、データがクラウドに上がっていれば、複数の端末からアクセスできるし、端末のトラブルからデータを守れるので、このような問題がありません。

２　フォルダ方式の問題点

どのフォルダに入れたかを忘れて、ファイルが行方不明になる

ＰＣなどの端末に保存されたデータは、フォルダ方式で格納されています。

Windows10 の場合には、「エクスプローラー」で開かれる「ＰＣ（以前は「マイコンピュータ」と呼んでいました）」が、データ保存の体系です。

ところで、フォルダ方式には多くの問題があります。

最も深刻な問題は、「どのフォルダに入れたのかを覚えていないと、引き出せない」ということです。

扱っているファイルが多数になると、ファイルの保存先フォルダを正確には覚えていられず、行方不明ファイルが続出します。暫く前に保存したファイルだと、どのフォルダに入れたのか、まったくわからなくなることもあります。

フォルダの分け方は、あまり深く考えずに作ることが多いので、「あるファイルをどのフォルダに入れたかを忘れてしまった」という事態が頻繁に発生するのです。間違ったフォルダをいくら探しても、(当然のことながら)目的のファイルを見い出すことはできません。

なお、この問題も含め、以下に述べる問題のほとんどは、フォルダ方式をとることによって発生する問題です。したがって、Google ドライブのようにクラウド保存をした場合にも発生しうる問題です。

フォルダやファイルの「並べ替え」はできる

フォルダやその中に入っているファイルは、順序の「並べ替え」ができます。

「種類」「サイズ」などで並べ替えることも可能なのですが、こうした基準を用いる機会はほとんどないでしょう（私は一度も使ったことがありません）。

「名前」という基準もあります。これは一見すると有用な基準のように思われますが、実際には使いものになりません。そもそもファイルの名前は系統的に付けているわけではなく、また、どんな名前を付けたかなど、覚えていないのが普通だからです。これは、顧客名簿などの特殊な場合にしか意味がない基準でしょう。

使いものになる唯一の基準は、「更新時点」です。これを使うと、ＭＴＦの原理が働くので、ファイルを探しやすくなる場合があります。

なお、ＭＴＦを機能させるためには、第１－１章で述べたように、「最終更新（編集順）」にしておく必要があります。「最終閲覧（閲覧順）」にすると、あまり重要でないファイルが先頭に来てしまいます。

ファイルのフォルダ間の引っ越し

フォルダ間（あるいはサブフォルダ間）のファイルの引っ越しは、「エクスプローラーのＰＣ」でも、Google ドライブでも、どちらでもできます。

「PC」の場合は、マウスでファイルを動かすことによって簡単にコピーや移動ができます。ファイルが沢山あってマウスの移動距離が長くなる場合には、「コントロール＋n」で画面が二つ表示されるので、その画面間で移動します（Windows の場合）。

Google ドライブの場合には、MOVE という操作で行ないます。

マウスで操作できるという意味で、PCの方が簡単だと思います。

フォルダを構成し直すのは大変

Windows「PC」のデフォルトのフォルダ分類は、あまり適切なものとは思えません。「3Dオブジェクト」とか、「ビデオ」、「ミュージック」などというフォルダが幅をきかせています。私は、こうしたフォルダを一度も使ったことがありません。

使わないフォルダがなぜこんなに大きな顔をしているのだろうかと、いつも不思議な気持ちです。

私が使うファイルの圧倒的大部分は「ドキュメント」です。そしてダウンロードしたファイルを入れる「ダウンロード」です。また、ときどき「ピクチャ」を使うといった程度です。

「ドキュメント」や「ピクチャ」については、利用者が個々の事情に応じてサブフォルダを作ることになります。しかし、多くの場合に、さほど深く考えず、いい加減な分類で始めてしまうことが多いのです。

このため、第2－6章で指摘する「コウモリ問題」や「土地課税問題」が発生します。

また、仕事を続けていくうちに、前に作ったフォルダ構造は使いにくくなることがあります。仕事の内容が変わってくると、古い分類項目では適切に機能しなくなります。

そこで、「ドキュメント」や「ピクチャ」につき、サブフォルダの構成を変更したいと思うことがあります。つまり、分類の体系を組み替えたいと思うことがあるのです。

ところが、これは容易な作業ではありません。

項目を増やしていくことはできますが、ファイルは移動したり、コピーしたりしなければなりません。

このため、「その他」が多くなります。便利なので、多くのファイルをここに放り込み、結局はブラックホールのようにすべてを吸い込んで、わからなくなってしまいます。

こうして、ファイルは作ったものの、行方不明になることが多いのです。

変化が激しい時代には、フォルダ方式では追いつけない場合が多くなります。

「ピクチャ」は混乱状態

「ピクチャ」というフォルダに保存してある写真や画像は、テキストファイルほど頻繁に利用するものではありません。

しかも、分類項目を作りにくいのです。内容別といっても様々だし、日付で区分すると、後から利用するには日付を覚えていなければならないので、不便です。

そこで、ブログのヘッダなどに使う写真が必要になった場合に、その写真をさんざん探し回ることがあります。どのフォルダに入れたかを忘れてしまうのです。

サムネイルの写真を見ても、小さくしか表示されていないのでよくわからず、ファイル名も適切に付けていないことが多いので、いちいちファイルを開かないとわかりません。大変な捜索をしたことが、何度もありました。

重要な写真については、「超」アーカイブにインデックスを作るのがよいでしょう。また、第3−3章で述べるように、Google フォトにアルバムを作ることが考えられます。

3　端末保存では検索もリンクもできない

不完全な検索機能

データをローカルに保存してあると、検索やリンクが難しいという問題があります。

まず、ＰＣなどの端末に保存してあるデータを検索する機能は、不完全なものです。Windows10 の検索では、検索キーワードがファイル名に入っている場合には、そのファイルと本文中の該当箇所を示します（ただし、ファイル名と検索キーワードが完全に一致してないと、引き出さないことがあります）。

しかし、検索キーワードがファイル名に入っていないと、本文中に検索キーワードがあっても、「検索条件に一致する項目はありません」という結果が出るだけです。

もっとも、検索キーワードがファイル名に入っていなくても、本文に入っていれば引き出すことも、稀にあります（どのような場合にこうなるかは、よくわかりません）。

また、検索に非常に長い時間（５分以上）かかる場合があります。検索用のインデックスを作っているのだと思われますが、その間ひたすら待つしかありません。

これでは、ほとんど使いものになりません。どうしても探し出す必要がある場合に、万一のチャンスを期待して使うしか、使いみちがありません。

私は、外付けハードディスクに1990年代からのデータを保存してあります（フロッピーディスクに記録してあったものも、コピーして取り込みました）。しかし、検索ができないので、ほとんど利用できません。フォルダをたどっていちいちファイルを開いてみないと、内容がわかりません。タイトルもいい加減につけている場合が多いので、必要な資料を探し出すのは至難の業です。

『「超」整理法』を書いたとき、Grep というファイル横断検索ソフトを使っていました。これはいまでもテキストエディタについているので、使えます。しかし、検索スピードが遅く、また、結果の表示も使いにくい形なので、もはやほとんどメリットがありません。

Google はかつて「デスクトップ検索」というサービスを提供していました。これは、ローカルな端末にあるデータを検索するサービスです。私も使っていたのですが、このサービスは、2011年に停止になりました。「検索はクラウドで」という方針を Google が徹底したからです。ローカルな端末を高速検索するのは無理だと考えるべきでしょう。

不完全なリンク機能

Word を使っているのであれば、その端末に格納してある他のファイル、およびウエブページにリンクを貼ることができます。したがって、リンクによって目的ページに飛べる目次ページを作ることはできます。

しかし、使い勝手はあまりよくありません。

さらに本質的な問題は、目次ページ自体はインターネット上にあるわけではないので、当該端末以外にあるページからリンクを貼ることができないことです。これでは使いものになりません。

このように、ローカル端末にデータを保存すると、検索ができないし、リンクも自由に貼れないので、ファイルが行方不明になる危険が大きいのです。

ルーチンワークで同じようなデータを毎日繰り返し利用したり保存したりする場合には良いでしょうが、クリエイティブな仕事では、性質の違うデータを次々に用います。これらをローカルな端末で処理しようとすると、混乱状態になってしまいます。

4　ドッペルゲンガとシンクライアント

疑似正本が複数できるという事故

「ドッペルゲンガ・シンドローム」とは私の造語です。疑似正本が複数できてしまって、どれが正しい正本かがわからなくなってしまうことです。コピーが簡単にできるために起こる事故です。『「超」整理法』でこの問題を指摘しました（同書、109ページ）。

この問題は、作業中のファイルについては、頻繁に発生します。

例えば、Google ドキュメントにあるファイルをコピーしてテキストエディタに貼り付け、そこで編集作業を行なったとします。

本当はその結果（これをAと呼びます）をコピーして Google ドキュメントに貼り付けておかなければなりません。ところがその作業をしないで、放置したとします。

暫くして後、この編集作業をしたことを忘れて、Google ドキュメントにあるファイルをコピーして端末にあるテキストエディタに貼り付け、そこで編集作業を行なったとします。

この結果をBとします。すると、疑似正本がAとBの二つできてしまうのです。

これ以降の編集作業は、Aを元として行なうべきか、それともBを元として行なうべきか。どちらがよいのかわかりません。これは困った事態です。

私の場合には扱っている文書のほとんどは原稿なので、「厄介」という程度の場合が多いのですが、正式な契約書などの場合には、致命的なことになりかねません。

ドッペルゲンガの根絶は難しい

この事故を完全に防ぐには、テキストエディタにコピーしてから編集作業を行なうのではなく、編集作業もGoogleドキュメントのファイルで直接行なうべきです。そうすれば、Googleドキュメントにあるファイルが唯一の正本になります。

私がそうしないのは、多分に慣れの問題であるのですが、Googleドキュメントの編集機能にいくつかの問題があるからでもあります。ジャンプ機能がないのは、不便です。また、ページの背景色やフォントのサイズ、色などの設定も面倒です。

こうした事情があるので、長いファイルの場合にはテキストエディタで作業することとなり、そのために、ドッペルゲンガ・シンドロームをいまだに根絶できません。

この問題を解決するには、Google ドキュメントの機能がさらに向上するのを待つしかないでしょう。

シンクライアントに向かう

エディタやスプレッドシートなどのアプリも、クラウドにあるものを使おうという考えがあります。端末は単純な入出力装置であればよいという考え方です。これをシンクライアント（thin client）と呼びます。

現在すでに、個人用のＰＣなどについても、ハードディスク装置を持たず、ファイルやソフトウェアを端末内に保存しない機器が利用可能になっています。ネットワーク経由でサーバに接続し、サーバ側のソフトウェアやデータを扱うのです。

将来は、この方向に進むのかもしれません。こうしたことになれば、検索やリンクなども自由にできますし、ドッペルゲンガの問題も克服できるでしょう。

ただし、当面は、アプリは端末にダウンロードする方式でよいと思います。そうであっても、データはクラウドに上げるべきです。それによって、検索やリンクなどこれまで述べてきた問題の多くを解決することができます。

第２－６章　分類の問題を解決できた

1　フォルダ方式とリンク方式は、似ているが違う

フォルダ方式とリンク方式の違い

これまで、フォルダ方式とリンク方式について述べてきました。

フォルダ方式とは、第２－１章の３で説明した方式です。資料やデータなどを引き出すための四つの方法（図表２－１－１）のうちの第２の方法です。ファイリングキャビネットで書類を整理・格納したり、図書館で書籍を分類・収納する場合に用いられています。

これは、「上位概念から下位概念に向けて次々に分類していく方式」ということもできま

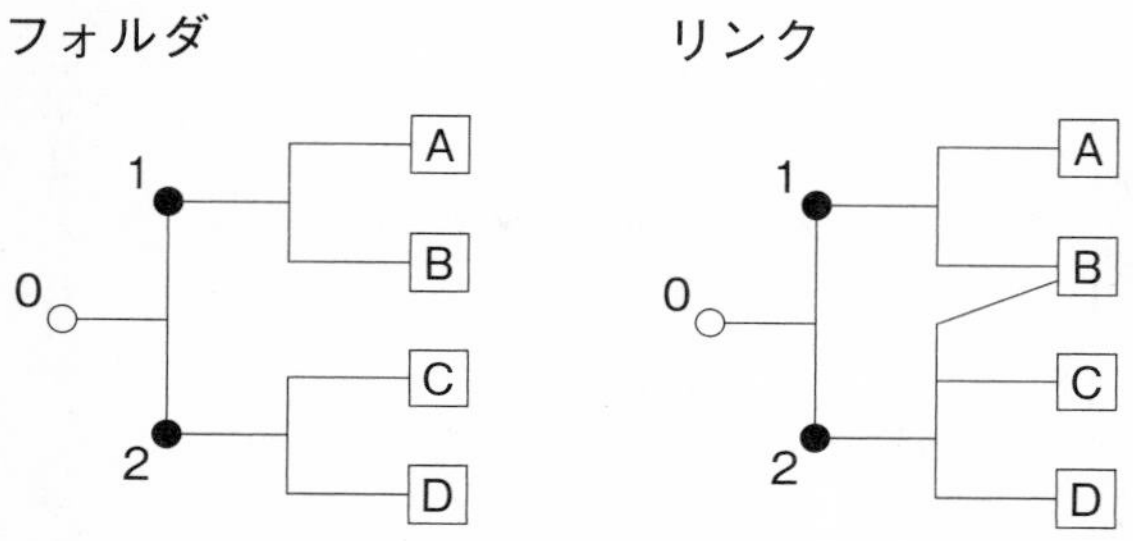

図表2－6－1　フォルダとリンクの違い

す。

ＰＣで保存するファイルはフォルダに格納されており、各ファイルを、例えば図表2－6－1の「フォルダ」のように分類します。

紙のメモ帳の場合にも、この方式に従って分類している人が多いでしょう。例えば、まず仕事用（1）とプライベート（2）を区別し、つぎに仕事用であれば業務内容別にA、Bと分類します。

これに対して、リンク方式（ラベル方式）は、第2－1の4で概要を述べ、第2－3章で作り方を詳細に述べた方式です。

これらが違うことは、第2－1章の4で簡単に述べています。

ところで、そこで述べた分類に伴う諸問題は、正確に言えば、フォルダ方式（カスケード方式）をとることによって生じるものなのです。

また、第２－５章でデジタルデータをローカルに保存することの問題点を指摘していますが、これはデータをローカルに保存する場合はフォルダ方式に頼らざるを得ないために生じる問題です。

以下では、フォルダ方式とリンク方式がどのように違うかを、もう一度、整理しておくことにします。

フォルダ方式のアプリとリンク方式のアプリ

デジタルデータは、フォルダ形式で保存される場合もあるし、リンク方式で保存される場合もあります。

データをローカルな端末に保存していると、リンクができないため、フォルダ方式を用いざるを得ません。クラウドに上がっている場合には、フォルダ方式をとることもできるし、リンク方式を取ることもできます。

例えば、Google ドライブや、メールの Outlook は、フォルダ方式になっています。それに対して、Google のメールはリンク方式（ラベル方式）で整理できます（これについての詳細は、第2－7章を参照)。

フォルダ方式では親は一つ

フォルダ方式では、多層構造における「親」は一つでなければなりません。それに対して、リンク方式では、親がいくつもあっても良いのです。これは些細な違いのように思われますが、実は、重大な違いをもたらします。

この違いを、図表2－6－1に示しました。フォルダ方式においては、ルートファイル(インデックスファイル：出発点のファイル)から目的のファイルに到達する経路は、一つしかありません。例えば、ファイルBに至る経路は、第1層で1を選び、第2層でBを選ぶことです。第1層で2を選んでしまうと、Bに到達することはできません。

紙の書類のようなリアルな物体を保存するには、どこか一つのフォルダに入れるしか方法がないので、フォルダ方式を取らざるを得ません。つまり、親が一つ必要であり、しかもただ一つだけでなければならないのです。

例えば、ファイリングキャビネットに資料を収納することを考えてみてください。2台のファイリングキャビネット1と2があります。これは図表の第1層に相当します。

当該資料は、1のキャビネットに入れるか、2のキャビネットに入れるしかありません。両方に入れることはできません（注）。

したがって、ファイルBを見い出すためには、その唯一の親であるキャビネット1を探さなければなりません。誤ってキャビネット2を探している限り、Bを見い出すことはできません。

これを避ける方法として、キャビネット2の当該箇所に、「この資料はキャビネット1にあります」と書いたメモを格納しておくことが考えられます。しかし、いちいちそうするのは面倒です。

デジタル情報の場合にも、端末に保存する場合はやはり同じことになります。この場合の「保存」とは、物理的な存在であるメモリの一部の領域を占有することだからです。

（注）シュレジンガーの不確定性原理によれば、量子状態では、キャビネット1と2の両方に存在するのと同じことが生じるのですが、われわれが生活している世界では、このようなことは起きません。

リンク方式では、親はいくつあってもよい

それに対して、リンク方式では、親はいくつもあっても構いません。例えば図表２－６－１の「リンク」で示した場合には、Ｂというファイルには、親が１と２の二つあります。したがってＢに到達するための経路は一つではありません。第１層で１を選び、第２層でＢを選ぶ経路でもよいし、第１層で２を選び、第２層でＢを選ぶことも可能です。

デジタル情報であってかつクラウドに上がっていれば、リンクを貼ることができるので、このような仕組みを作ることができます。

経路を複数設定できると、「コウモリ問題」や「土地課税問題」に対処することができます。これについて、本章の２と３で述べます。

もう一つの利点は、状況の変化に柔軟に対処できることです。例えば、Ｂというファイルを頻繁に使うことがわかれば、インデックスファイルから直接Ｂに飛ぶ経路を作れば、第１層を経由しないで、すぐにＢを開くことが可能になります。

フォルダ	ファイル
哺乳類	犬、猫、コウモリ
鳥類	ワシ、ハト
その他	ハチ、チョウ

図表２－６－２
フォルダ方式における「コウモリ問題」

２　フォルダ方式の問題（１）「コウモリ問題」

「コウモリ問題」とは何か？

フォルダ方式には、いくつかの問題があります。

その第1が、「コウモリ問題」です。

コウモリは、鳥ではなく哺乳類です。したがって、動物を「哺乳類」、「鳥類」、「その他」というフォルダに分類すれば、コウモリに関する資料は「哺乳類」に入ります（図表２－６－２参照）。

しかし、コウモリは空を飛べるために、鳥類だと考えている人も少なくないでしょう。そうした人たちは、コウモリに関する資料を求めるとき、「鳥類」のフォルダを探すでしょう。しかし、いくら探しても見い出すことはできません。

場合によっては、ファイルの管理者が、コウモリのファイルを誤って「鳥類」のフォルダに入れてしまう場合もあるかもしれません。その場合には、「哺乳類」のフォルダをいくら探しても、コウモリのファイルを見い出すことはできません。

これは、利用者や管理者が間違っているから起きる問題です。しかし、こうした間違いはよくあるものなので、対策があってしかるべきです。

対策になっていない提案

この問題を解決するために、つぎのような提案がされることがあります。

すなわち、動物のフォルダを、「哺乳類」、「鳥類」、「陸を歩く動物」、「空を飛ぶ動物」、「その他」と分ければよいというのです。

そして、「コウモリに関する資料は、コピーして2部作り、一つを「哺乳類」に、もう一つを「空を飛ぶ動物」に入れておけばよい」というのです。

確かに、こうすれば、コウモリが鳥類だと考えている人も、「鳥類」で見つからなければ「空を飛ぶ動物」のフォルダを探すことにより、コウモリの資料を見い出すことができるでしょう。

しかし、これは、「原理的にできる」というだけであって、実際にはコピーを作るために大変な手間がかかってしまって、実用になりません。資料が紙である場合には、およそ現実的なものではありません。

資料がデジタル形式になっている場合にも、コウモリの資料をコピーして二つのフォルダに入れる必要があります。コピーの手間は、紙に比べれば大したものではありませんが、それでも負担になります。

コピーをやたらに作ると、「ドッペルゲンガ・シンドローム」が起きる

デジタル情報に関しては、第2－5章の4で述べた「ドッペルゲンガ・シンドローム」がしばしば生じます。これは、疑似正本（非常に似ているが、少し違う正本）が複数できてしまって、どれが正しい正本かがわからなくなってしまうことです。

右に述べたように、あるファイルをコピーして複数のフォルダに入れることは可能ですが、入れたファイルを編集すると、別のものになってしまいます。そして、ドッペルゲンガ・シンドロームが生じえます。

「コウモリ問題に対処するため、資料のコピーを作って複数のフォルダに格納せよ」と提案した人は、フォルダに入った資料は完成品で、それを編集したり追加したりする必要はない

と考えているのです。しかし、アーカイブとはそのようなスタティックなものでなく、日々変化するダイナミックなものです。複数のファイルを作ったら、いちいちそれらすべてに同じ修正を加えるかコピーし直すかしなければなりませんが、そんなことは到底できません。

なお、「超」アーカイブでは、データをローカル端末に落としてから編集作業などを行なう場合が多いので、この問題が生じます。

そこで、「端末にあるデータでなく、クラウドにあるデータが正本」というルールにしておきます。それでも事故が起こります。私は、この問題をいまになっても解決できていません。

「超」アーカイブは「コウモリ問題」を克服する

ところで、リンク方式では、コウモリ問題を克服することができます。

図表2-6-3のように、「哺乳類」、「鳥類」、「陸を歩く動物」、「空を飛ぶ動物」、「その他」という項目を作っておき、コウモリに対しては、「哺乳類」と「空を飛ぶ動物」のいずれからもリンクを貼っておけばよいからです。

コウモリが鳥類であると思っている人でも、「空を飛ぶ動物」という項目を作っておけば、コウモリのファイルを開けます。

このように、リンク方式はフォルダ方式と一見して似ていますが、異なるものです。様々な経路をたどって目的のファイルにたどり着くことができるからです。

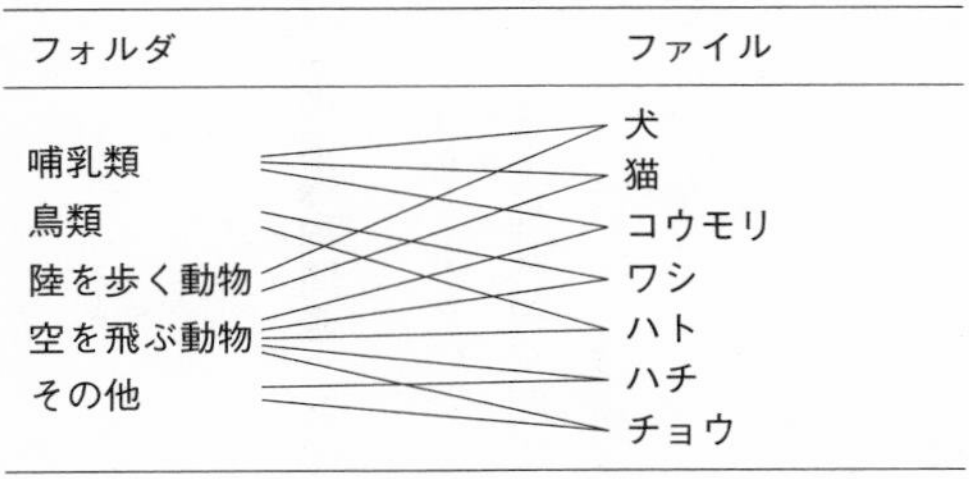

図表2－6－3
リンク方式は「コウモリ問題」を解決する

コウモリのファイルをコピーして2個作るというような手間もいりませんから、面倒ではなく、ドッペルゲンガ・シンドロームも起きません。

このように、リンク方式は、フォルダ方式より柔軟で使いやすく、かつ効率的なのです（ただし、リンクを貼るために若干の手間を要することは事実です。これを回避する方法として、第2－3章の3で述べた「コメント機能の利用」があります）。

また、キーワード方式でも、「コウモリ問題」は克服されます。「コウモリ」というキーワードで検索すれば、間違いなく引き出せるでしょう。

3　フォルダ方式の問題（2）「土地課税問題」

「土地課税問題」とは何か？

フォルダ方式の第2の問題は、「土地課税問題」です。

いま土地課税に関する資料を、フォルダ方式のアーカイブに収納することを考えましょう。

このため、「経済関係資料」というフォルダを、「税」、「予算」、「雇用」、「土地」と分けたとします。

ところが、土地に関する課税の問題を扱った資料は、「税」にも「土地」にも入りうるものです。それを「土地」のフォルダに入れておくと、「税」のフォルダをいくら探しても見い出すことはできません（図表2－6－4参照）。

フォルダの作り方が間違っている

これは、フォルダの作り方が間違っているために起きる問題です。

フォルダ方式の場合には、「あるファイルは、必ずどこかのフォルダに入る。そして、一つだけのフォルダに入る」というようにフォルダを設定しなければなりません。しかし、右に述べたフォルダ分けは、この原則の後半部分に適合しないのです。

フォルダ	ファイル
税	給与所得税の改革
予算	
雇用	
土地	土地課税の現状

図表2－6－4
フォルダ方式における「土地課税問題」

ただし、この原則に忠実に従うのは難しいことです。

そのため、「その他」という項目を作りがちです。しかし、そうすると、様々なファイルがここに収納されることになるため、目的のファイルをすぐ見い出せないことになります。

この場合にも、原理的にいえば、土地課税の資料は、コピーして2部に増やし、「税」と「土地」の両方に入れておけば問題は起きません。

しかし、前述のように、これは、「原理的にできる」というだけであって、およそ現実的な方法でありません。資料がデジタル化されている場合にも、同じです。

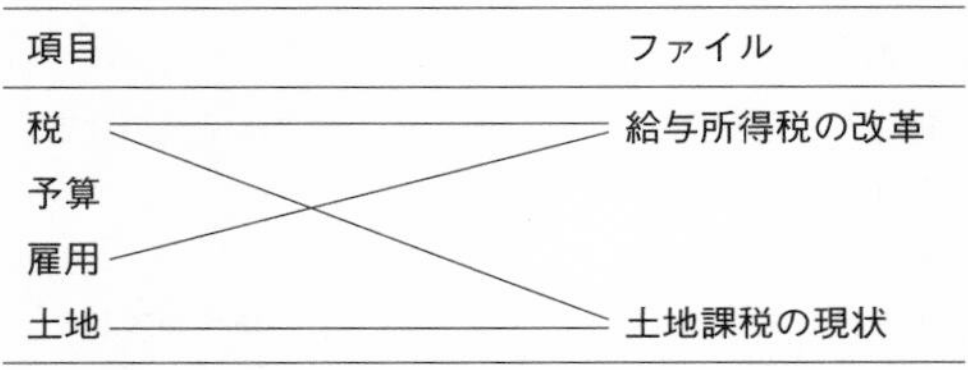

図表2−6−5
リンク方式は「土地課税問題」を解決する

「超」アーカイブは「土地課税問題」を克服する

ところで、リンク方式では、「土地課税問題」を克服することができます。

図表2−6−5のように、「税」、「予算」、「雇用」、「土地」という項目を作っておき、土地課税の問題を扱ったファイルには、「税」と「土地」のいずれからもリンクを貼っておけばよいからです。

フォルダ方式では、「あるファイルは、一つだけのフォルダに入る」、つまり、「親は一つでなければならない」という制約があります。しかし、リンク方式では、このような制約がありません。そして、様々な経路を辿って目的のファイルにたどり着くことができます。

なお、キーワード方式でも、右の問題は克服されます。「税」というキーワードと「土地」というキーワードのいずれか、あるいはこれらの「and

検索」によって、まず間違いなく引き出せるでしょう（図表２－６－６参照）。

なんらかの理由で資料に「土地」や「税」というキーワードがなかったとしても、検索用キーワード（タグまたはラベル）として、「税」と「土地」を入れておけば、どちらかのキーワード（あるいは両方）によって探し出すことができます。

ファイル	キーワード			
	税	予算	雇用	土地
給与所得税の改革	○		○	
土地課税の現状	○			○

図表２－６－６
キーワード方式は「土地課税問題」を解決する

情報をデジタル化し、クラウド化したから解決できた

コウモリは哺乳類でもあり、空を飛ぶ動物でもあります。生物学の分類では、哺乳類という属性だけに着目して分類しているために、ここで述べたような問題が起こるのです。

土地課税問題も同じです。土地課税についてのファイルは、土地という属性と税という属性を持っています。それらのうちどちらか一方だけを基準にして分類をするために問題が起きるのです。

一般にどんなものでも、複数の属性を持っています。フォルダ方式では、そのうち一つの属性のみに着目して分類をして親を作るために問題が起きるのです。

『「超」整理法』においては、このような理由によって、「分類は不可能だ」と言いました。しかし、「超」メモ（「超」アーカイブ）のシステムにおいては、検索とリンクという道具を使うことによって、この問題を解決したのです。

「超」アーカイブが分類問題を解決してきたのは、データがデジタル化され、それがクラウドに置いてあるからです。紙媒体では検索やリンクが使えないため、フォルダ方式によらざるを得ませんでした。しかし、クラウドの技術を用いることによって、新しいアーカイブの構築が可能になったのです。是非、この技術を用いて作業を効率化すべきです。

モットーは「フォルダ分類をするな。リンクを貼れ」、または、「フォルダ分類をするな。検索せよ」ということです。

第2－7章　Gメールを取り込んだ強力アーカイブ

1　Gメールでアーカイブが自動的にできる

メールは自分データの宝庫

Gメールを「超」アーカイブと組み合わせることによって、様々なことができます。

まず、Gメールの送受信記録（とくに、送信記録）は、自動的に作成されるアーカイブ（文書保管庫）になっています。

検索キーワードを適切に設定することによって、10年前のメールであっても、探し出すことができます。ただし、この方法で必ず目的のメールを引き出せるわけではありません。逆に、あまりに多数のメールがヒットしてしまって、目的のメールがどれか、わからないときもあります。

重要な資料やデータなどが本文や添付ファイルにあるメールで、タイムラインの下のほうにいってしまって見い出しにくくなっているものは、(受信メールでも、自分が送信したメールでも)一度見い出したら自分宛てに転送しておくことも考えられます。そうすれば、タイムラインの上に来るので、見い出しやすくなります(スターを付けておけば、さらに見い出しやすくなるでしょう)。

以上のように、メールは、きわめて貴重なアーカイブです。日記であり、業務日誌であり、活動記録になっています。

なお、Googleドキュメントも Gメールも、Googleドライブという仕組みの中で保存されています。Googleドライブには、これらのほか、Word、スプレッドシート、画像ファイルなども保存することができます。

メールには余計な情報が多い

しかし、メールをアーカイブとして利用するのは簡単ではありません。

その理由は、不必要な受信メールが多数あるからです。これらの多くは、宣伝やプロモーションのメールです。これらが雑音になります。

その昔、Ｇメールが登場したとき、それまでのメール（私が使っていたのは nifty の電子メールでした）に比べて、迷惑メールを極めて効率的に排除するので驚きました。しかし、その時代に比べて、迷惑メールの数が爆発的に増えたことも間違いありません。

こうしたメールを削除したくなるのですが、とてもそれはできません。削除をするという努力は、最初から諦める方が良いと思います。せいぜい、迷惑メールに設定して目に入らないようにすることくらいしかできません。

またメールを検索しても、目的のメールがすぐに見い出せるわけではありません。多数のメールがヒットしてしまい、いちいち開いて内容を確認しなければなりません。

メールはもともとアーカイブとしての機能を果たすようには設計されていないので、こうなってしまうのは、当然のことです。

2 驚嘆すべきGメールの自動振り分け機能

ラベルを活用できる

何度も繰り返し参照する重要なメールについては、後からすぐに見い出せるように措置しておくのが便利です。

このための手段として、Gメールには「ラベル」という仕組みが作られています。

ラベルを作るには、受信メール一覧ページ左側のメニューの一番下にある「＋新しいラベルを作成」を選びます。

個々のメールにラベルを設定するには、タイトルの上部にある矢印マークをクリックして、ラベルをつけます。

ラベルがついたメールを見るには、メニューの一覧から該当のラベルを選びます。

ラベルを自動的につけるには

個々のメールにラベルをつけるだけでなく、一定の条件を満たすメールすべてに同一のラベルをつけることが可能です。これは、次のように行ないます。

1　振り分けをしたいメールを開く。
2　上部の「…」マーク（「その他」）から、「メールの自動振り分け設定」を選択。このアドレスからのメールに全部一括して同じラベルをつける場合には、「件名」「含む」等は空欄のままでよいので、「フィルタを作成」を押します。あるアドレスからのメールのうち、特定の条件を満たすものだけにラベルをつけたいのであれば、「件名」「含む」等に記入します。
3　「フィルタを作成」ボタンを押し、「ラベルを付ける」を選択。
4　「迷惑メールにしない」、「一致するメールにもフィルタを適用する」を選択します（この操作を行なわないと、自動ラベリングができません）。受信トレイに表示させたくない場合には、「受信トレイをスキップ」を押します。

5　「フィルタを作成」を押します。

これで、条件を満たすすべてのメールに、自動的にラベルがつけられます。

フォルダ方式より優れている

ラベルは、メニューにある「ラベルの管理」で構造化します。

これにより、わかりやすい分類ができます。「親のラベル」を指定することができるので、多層構造を作ることができます。分類のし直しも簡単です。

フォルダ方式は、第2-6章で述べたように固定的な分類しかできませんが、ラベル方式はリンクをつけているのと同じなので、柔軟な分類ができます。

Googleドライブではフォルダ方式しかできないので、それより便利です。

なお、メールのタイトルや内容に定型的な文章があると、振り分けがしやすくなります。受信メールについてはコントロールできませんが、送信メールで自動振り分けしてほしいものについては、送り状をできるだけ定型的な文章にしておきます。

ラベルでメールが整理されて、見やすくなる

分類されたメールを見るには、受信メール一覧ページの左上にある3本線をクリックし、開いたメニューから選びます。

結局は、発信者名とキーワードで検索をしているのと同じことになるわけですが、その手間が省けて、一瞬のうちに結果が表示されるので便利です。

目的のメールだけがずらりと表示されているのは、壮観です。

適切なラベルつけを行なうことによって、会社の上司からの連絡など、重要なメールを見逃すことがなくなります。

スレッドにすると、必要なメールがスレッドの中に埋もれて、見逃してしまうことがありますが、ラベルならそうしたことがありません。

また、ズームミーティングのインビテーションなどは、カレンダーに貼り付ければ良いのですが、そうしなくても、インビテーションのメールにラベルをつけておけば簡単に見い出すことができます。

私の場合は、原稿の分類を送信メールのラベル振り分けで行なっています。これによって、

連載の最終版の原稿が直ちに得られます。もちろん送付した原稿は私の「超」メモにも保存してあるのですが、うっかりして保存していなかったものもあるため、便利です。

「受信トレイに表示させない」というのも、面白い選択肢です。迷惑メールに指定すると見えなくなってしまいますが、この方式であれば、そのラベルを開けば見ることができます。受信画面がきれいになり、気持ちがよくなります。

3　自分宛てメールと添付ファイルの活用

自動振り分け機能の活用とリンク集の作成

第1－1章で述べたように、自分宛てのメールや下書きメールは、簡便型の「超」メモとすることができます。

下書きは編集可能ですから、Google ドキュメントの場合と似た利用ができます。下書きであっても、画面右下の「…」マークでラベルをつけられます。

下書きや自分宛てメールは、いくつかの点では、Google ドキュメントより便利です。

第1は、自動振り分け機能が利用できることです。自分宛てメールに適切なキーワードをつけておけば、自動的に分類してくれます。

第2は、ウエブサイトへのリンク集の作成です。

ウエブページを見てそのＵＲＬを保存したいとき、共有ボタンを押してＵＲＬをコピーし、自分宛てのメールとして送ります。これが、ＵＲＬを保存するおそらく最も簡単な方法でしょう。

このメールに「リンク集」というようなタイトルをつけておけば、自動振り分けによってサイトのリンク集ができることになります。

なお、下書きのままでは、ＵＲＬを記録してもリンクはつけられません。したがって、リンクが必要な場合は自分宛てに送信します（あるいは添付ファイルに記録しておきます）。

添付ファイルの活用

第3は、添付ファイルを簡単に付けられることです。スプレッドシート、ＰＤＦ、画像などの保存に便利に使えます。

本章の1で述べたように、Google ドライブには、Wordファイルやスプレッドシートなども保存することができます。しかし、メールの添付ファイルとするほうが便利な場合もあります。とくに画像のファイルについては便利に使えるでしょう。タイトルに、「画像」などの言葉を入れておけば、自動的に振り分けしてくれます。

ただし、Google ドキュメントのシステムとGメールのシステムとを併用すると、「ポケット一つ原則」に背くことになります。思いついたことのメモなどの場合、どちらにあるのかわからなくなることがあります。

Google ドキュメントを使うのであれば、メールは、特定の用途だけに特化するほうがよいかもしれません。

4　機密データの保存

重要な書類をどう管理するか

契約書、預金通帳などの重要な書類について、写真を撮って保存しておくことを第1－2章の3で述べました。

ところで、それらの写真は、Google フォトアプリで自動バックアップの設定にしていると、Google フォトにアップロードされます。あるいは、「超」アーカイブに格納することができます。

しかし、これで大丈夫でしょうか。

「超」アーカイブは安全な仕組みですが、絶対に安全かというと、まったく問題がないとは言い切れません。

設定や操作を誤ったために情報が漏洩する危険がないとは言えません。とくに、「共有」機能を使う場合に、そうした事故が起こる可能性があります。重要書類の記録やパスワードについては、慎重になる必要があるでしょう。

そこで、つぎの方法により、セキュリティを高めることにします。

ロックしたワードファイルを「超」メモに取り入れる

Word のファイルをパスワードでロックすることができます。その方法は、つぎのとおりです。

1　必要事項記入後、「ファイル」メニューをクリックします。
2　「名前を付けて保存」から「参照」をクリックして、保存先を指定します。
3　「保存」ボタンを押す前に「ツール」を選択し、メニューの「全般オプション」を選択します。ここでは、「読み取りパスワード」だけを設定します。
4　パスワードを入力したら「ＯＫ」ボタンをクリックします。確認ダイアログボックスにパスワードを入力して「ＯＫ」ボタンをクリックします。「保存」ボタンで保存します。

なお、ファイルをロックするために使ったパスワード（以下では「鍵」と呼ぶことにします）を忘れると、そのファイルは開けなくなりますので注意してください。

Word のファイルを「超」アーカイブのシステムに取り入れるためには、ＰＣにいったん保存した Word 形式のファイルを Google ドライブにアップロードします。ロックをかけておくと、ロックされたままの形でアップロードされます。そして、「鍵」を入力することによって開くことができます。

なお、このファイルは、ＰＣでは開けますが、スマートフォンでは開けません（パスワード付きWordファイルをサポートしていないため）。

鍵と暗号文は別に置く

安全性を確保するため、鍵と暗号文は別に置く必要があります。ここで、Ｇメールと「超」アーカイブの組み合わせが威力を発揮します。具体的には、つぎのようにします（図表２－７－１）。

方法１　Wordでロックした暗号文を、「超」アーカイブに取り込みます。それを開く鍵は、自分宛てのメールで送っておきます。「超」アーカイブには、保存した暗号文の鍵があるメールの日付をメモしておきます。

方法２　暗号文のWordファイルをロックして自分宛てメールで送っておきます。そして、それを開く鍵を、Googleドキュメントに記入して「超」アーカイブに保存します。

同じGoogleアカウントの中にあるとはいうものの、別のシステムなので、仮に一方が漏洩しても、他方が知られなければ、安全でしょう。絶対に安全とは言い切れませんが、きわ

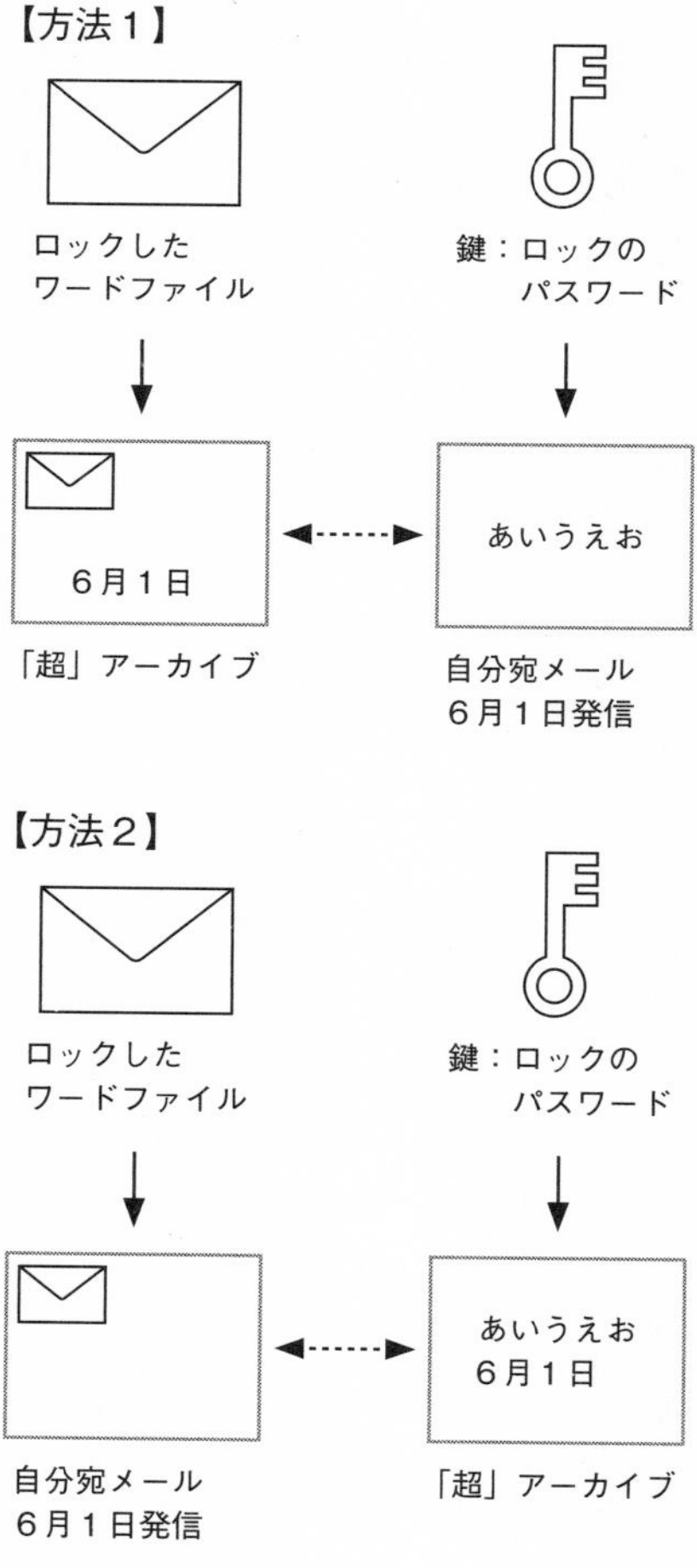

図表２－７－１　機密データの保存

めて簡単にできるので、便利です。

なお、日にちが経つにつれて、ここで使用したメールはタイムラインの下のほうに沈んでしまい、見い出しにくくなるでしょう。そこで、メールにはラベルをつけておくことが考えられます。こうすれば見い出しやすくなります。

パスワードの管理

第1－2章で述べたように、パスワードの管理は簡単な課題ではありません。「パスワードマネージャー」などのアプリが数多く作られていますが、これまで述べてきたシステムを使えば、管理の仕組みを自分で作ることができます（図表2－7－2参照）。

第1の方法は、自分宛てのメールを利用することです。

パスワードだけを記入したメールを作成します。ここには、このパスワードが何のためのものなのか（メールのパスワードなのか、eコマースサイトのパスワードなのか、など）は、記載しません。単に文字や記号と数字が並んでいるだけ

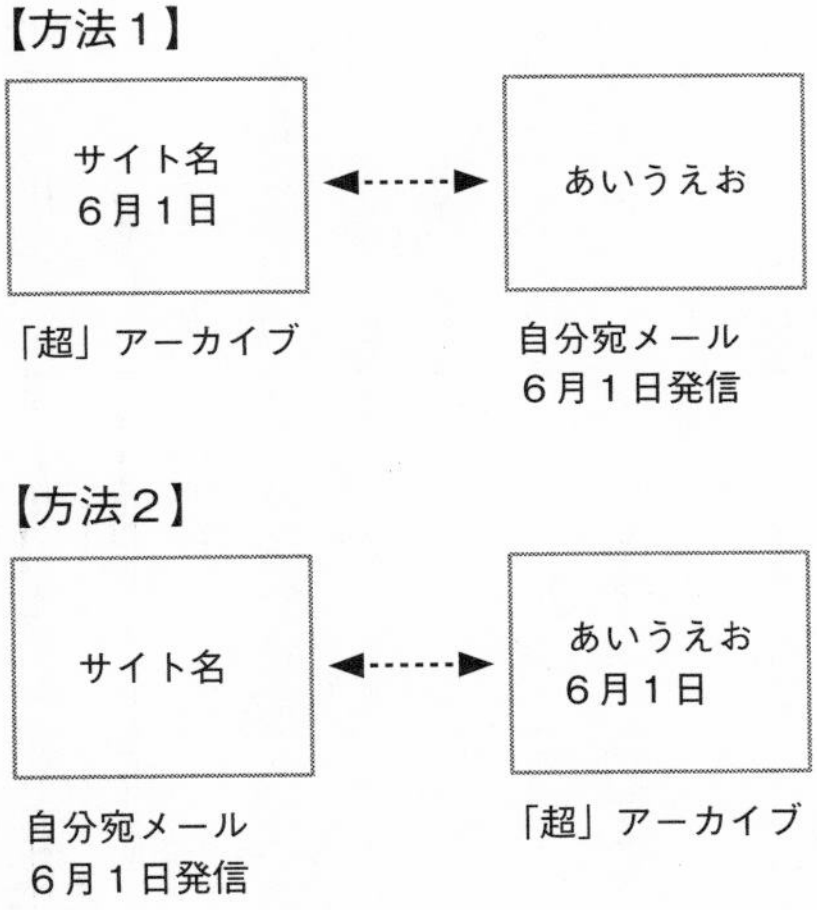

図表2－7－2　パスワードの管理

です。そして、このメールを自分宛てに発信します。

一方、「超」アーカイブの Google ドキュメントに、そのパスワードの対象サイト名と、メールの日付を記入しておきます。ここには、パスワードそのものは記載しません。

忘れていたパスワードを参照するには、「超」アーカイブの当該ページを開き、日付を頼りにして、先に発信した自分宛てのメールを開きます。

この方法によれば、仮にメールに格納した情報が漏れたとしても、それが一体何であるかは直ちには知られません。また、Google ドキュメント側の情報が漏れたとしても、それだけではパスワードを知られることにはなりません。したがって、一応は安全と考えてよいでしょう。

これは、図表2－7－1の方法1に対応するものです。

なお、こうしておけば、パスワードが必要なときにコピーしてペーストすることができるため、誤入力することがありません。

頻繁に入力を求められるパスワードは、この方法で管理しておくと便利です。

なお、以上と逆に、パスワードを「超」アーカイブに格納し、対象サイト名をメールに記入することも考えられます。これは、図表2－7－1の方法2に対応するものです。

なお、ここでも、メールを見い出しやすくするため、ラベルをつけておくことが考えられます。

以上の方法では、パスワードが平文でメールに記入してあるので、安全性はあまり高くないと言えるかもしれません。

セキュリティーをもっと高めたいとするのであれば、先に述べたように、Word のファイルを暗号でロックすることが考えられます。

この方法によって安全性はかなり高まりますが、それでも、絶対安全ということはできません。漏れたら大問題になるようなパスワードは、第１－２章で述べたように、紙のノートに記録するか、あるいはインターネットから切り離したＵＳＢメモリに記入するのがよいと思います。

ところで、こうしたやや複雑な方法をとったときの大きな問題は、やり方を忘れてしまうことです。いつも使っていれば忘れませんが、時間が経ってしまうと、こうした仕組みを作ったこと自体を忘れてしまうのです。そこで、どのような仕組みを作ったかのメモも作っておいた方が良いでしょう

実にいい加減な鍵配送

「超」アーカイブとは直接関係のないことなのですが、暗号ファイルについて日頃感じていることをここに書き記したいと思います。

暫く前から、企業や官庁からのメールに添付されているファイルが、パスワードがないと開けないようになっている場合が増えました。

会合の通知など、格別の機密保持が必要とされない添付ファイルもパスワードを入れないと開けないので、面倒です。メールの本文に書けば済むことなのに、なぜこのような煩わしい手間を要求するのでしょうか？

セキュリティ保護のつもりなのでしょうか？

ところがそのファイルを開くパスワードは、直後のメールで送られてくるのです。これではセキュリティ保護になりません。添付ファイルのあるメールを見た人は、パスワードのメールも見られるはずだからです。

家の玄関に施錠したが、その鍵をドアのそばの誰にも見える場所に置いておくようなものです。

私もだいぶ前に、試験問題を大学の事務に送る時に、Word のパスワード機能を使っていたことがありますが、そのパスワードは、電話で伝えていました。

難しいのは「鍵配送」

暗号システムにおける最も重要で難しい問題は「鍵の配送」であると、大昔から相場が決まっています。

ローマ時代のシーザーの暗号システムから、第二次大戦中にドイツが使ったエニグマにいたるまで、この問題（近代的暗号では、膨大なコードブックの準備とその共有法）は、悪夢でした。

前項で述べたメールの例は、「鍵配送」問題において、「初歩的」という以前の、しかも重大な誤りを犯しているのです。簡単に知られてしまうパスワードを入力させるなどという面倒な手間を、なぜ要求するのでしょうか？　これでは、タチの悪い嫌がらせとしか思えません。

メールを送っている人も「おかしなことだ」と思っているようですが、会社の規則でそうなっているので、個人ではどうしようもないようです。こんな馬鹿げたルールを採用している組織は、セキュリティ意識が低いことを自ら暴露しているようなものです。

パスワード付き添付ファイルは、面倒なだけではありません。

この添付ファイルは、私のPCのウイルスチェックにひっかかってしまいます。そして次のような警告文が表示されます。

「暗号化された添付ファイルに関する警告：この添付ファイルにはご注意ください。このメールには、悪意のあるコンテンツのスキャンを実行できない暗号化された添付ファイルが1個含まれています」

この警告文もおかしな文章で、「悪意のある」が「コンテンツ」にかかっているのか、「添付ファイル」にかかっているか、わかりません。ただ、何やら危険なことの警告であるのは、間違いないようです。

恐ろしいのは、「含まれている可能性があります」ではなくて、「含まれています」と断定していることです。これでは、怖くて開けません。

このメールを送っている企業は、ウイルスを撒き散らしている可能性があるわけです。

ウイルスに感染しても、すぐには感知できないかもしれません。私のＰＣはすでに感染していて、そのうち奇妙な動作をするようになるかもしれないと考えると、恐ろしくてなりません。

「パスワードのない添付ファイルを送ってほしい」と頼んでも、「会社の規則だからダメだ」といわれます。そこで、ウイルスに感染する危険を承知で開かなければなりません。

こんな馬鹿げたことは（そして、恐ろしいことは）、一刻も早く止めにすべきです。

企業や官庁の方々は、ここで述べた問題を、是非真剣に考えてほしいものです。真面目に対策を取ってもらうために、これを使っている企業名を公表したいくらいです。

本当に機密が必要なものは別として、通常の通信であれば、本文に記入するか、ロックしていないファイルを添付すればよいだけのことです。

本当に機密が必要なものについては、鍵配送問題を真剣に考えることが必要です。

第3部　「超」アーカイブを駆使する仕事法

第3－1章　私の情報管理法の変遷

1　端末保存からクラウドアーカイブへ

『「超」整理法』を書いていた頃

『「超」整理法』を書いた頃、私はごく普通に、ＰＣでファイルをフォルダ分けして保存する方法をとっていました。

紙の書類については、「超」整理法の基本的な考えに従い、内容と関係なしに時間順に保存していたのですが、ＰＣでは、分類せざるをえません。

しかし、フォルダ分けには問題があります。これについては、第２－５章の２で述べました。繰り返せば、つぎのとおりです。

第1に、ファイルを探すには、正しいフォルダの中を探さなければなりませんが、間違えると「コウモリ問題」が起きます。コピーをとって二つのフォルダに入れることは可能ですが、面倒です。しかも、入れたファイルは別のものになってしまうので、ドッペルゲンガ・シンドロームが起きます（第2－5章の4参照）。これは深刻な問題です。

第2の問題は、検索が難しいことです。ある時点まで私は「Grep」を用いていました。第2－4章で書いたように、これは複数のファイルを横断して検索できるアプリです。非常に便利に使っていたのですが、ファイルの数が増えてくるにしたがって、使いにくくなってきました。

Google が「デスクトップ検索」というサービスを提供したこともあるのですが、あまり使い勝手が良いとは思いませんでした。しかも、Google はこのサービスを終了しました。

Gメールがいつの間にかアーカイブになっていた

私は、1980年代には nifty の電子メール（パソコン通信）を使っていました。日常的な連絡のほか、原稿を出版社に送るためにも使っていました。2007年から、これをGメールに切り替えました。

ここで大きく変わったのは、送受信記録がすべて保存されるようになったことです。niftyメールのときには、容量制限があったため、送受信記録をこまめに削除していました。ところが、Gメールでは、その必要がなくなったのです。

この結果、Gメールが、デジタルアーカイブになったのです。しかも、それは自動的に出来上がっていました。あるとき、これを発見して驚きました。

「気がついたら、いつの間にか巨大なディジタルオフィスができていた」

この驚きを、2008年に『超「超」整理法』（講談社）という本に、つぎのようなエピソードとして書きました。

紙は紛失したが、PDFは残っていた

ある人から大変有用な雑誌記事のコピーを参考資料として送ってもらいました。それを一読したのですが、直後に別の仕事が入ってしまって、原稿に取り込まずにいました。

暫くして作業を再開したのですが、コピーが行方不明になってしまったのです。一日中探し回ったのですが、見つかりません（「超」整理法の「押し出しファイリング」に格納して

おけばよかったのですが、そのための時間もなかったのです)。

そこで、そのデータを用いるのはあきらめようとしていました。

ところが、その人とのメール交信記録を別の目的のために見ていたとき、探していた雑誌記事が添付ファイルにあるのを発見しました。この記事はもともとＰＤＦとしてメールに添付されて送られていたのです。私は、ＰＤＦを紙にプリントして読んでいたので、その事実を忘れ、紙のコピーをもらったような錯覚に陥っていたのです。メールにあったＰＤＦは、もちろん、ただちに使うことができました。

もう一つ、同じような話です。

期末試験の問題を作成していたのですが、急な用事のために中断する必要が生じ、２日後に作業を再開しました。ところが、急いで中断したため、試験問題の原稿をどこに保存したかを忘れてしまったのです。

私は自宅で常時３台のＰＣを使っていたのですが、そのどれで作業したかさえ判然としません。Grep 検索やデスクトップ検索を行なっても、見い出せません。ファイルが見付からなければ作業は最初からやり直さねばならず、大変な手間になります。問題の提出期限も迫っています。

切羽詰まった最後の手段として、メールのログにあることを祈念しつつ検索したのです（問題の中で使ったはずの言葉を思い出し、それで検索しました）。目的のファイルは確かにログにあり、直ちに取り出すことができました。わずか2日前のことを自分でも忘れてしまっていたのですが、作成途中の問題の原稿は、自分宛てのメールとして送っていたのです。2日前の自分に感謝状を出したい気分になりました。

窮地を脱した私は、それ以来、どうしても紛失したくないファイルは、自分宛てのメールで送ることにしました。

このときから、Gメールを貴重なデジタルアーカイブとして活用しています。

2　スマートフォンが使えるようになった

デジタルアーカイブの価値が高まった

私は、Gメールが貴重な資料保管庫になっていると気がついた2008年頃に、たくさんのラベル（第2－7章の2参照）を作りました。

いま『超「超」整理法』を読み返してみると、「ラベル機能を活用すべきだ」、「フィルター機能を使ってメールを自動的に分類するのがよい」などと書いています。

しかし、実をいいますと、その利用はあまり長続きしなかったのです。

その大きな理由は、Gメールにアクセスするのがそれほど簡単でなかったことです。

いま考えると信じられないかもしれませんが、『超「超」整理法』を書いていた当時は、Gメールにアクセスするのは PCからであり、したがって、大学の研究室か自宅の書斎にあるPCからアクセスするだけだったのです。ノートPCは、いつでも持ち歩いているわけではないので、外出先で見ることはほとんどありません。

実際、『超「超」整理法』には、自宅にあるPCに外出先からアクセスする方法について書いています。

ところが、『超「超」整理法』を刊行した直後に、スマートフォンが利用できるようになりました。これによって、どこからでも、Gメールにアクセスできるようになったのです。Gメールのデジタルアーカイブは、どこにいてもアクセスできる道具になり、利用価値が格段に高まったのです。

外出先で資料が利用できた

私は、２０１１年に刊行した『クラウド「超」仕事法』（講談社）の中で、つぎのようなエピソードを書いています。

テレビ局で番組開始1時間ほど前に最終的な打ち合わせをしていたところ、急遽、為替《かわせ》レートの問題を取り上げることになりました。

私は、「物価上昇率を考慮した実質レートで見れば、いまはむしろ円安。過去の最高値に比べると、5割ほども円安」と言ったのですが、なかなか理解してもらえません。

そのとき、雑誌の連載原稿で、実質レートのグラフを作ったことを思い出しました。グラフは2週間前に出版社に送ったメールに添付されています。

iPhoneでそれを引き出して、見せたところ、全員が私の主張を納得してくれました。そして、「このグラフは大変わかりやすいので、説明パネルにして番組で使おう」ということになったのです。

番組まであと30分しかありませんでしたが、すでにできている図を複製するだけなので、簡単なことです。データは、編集部に送った私のメールに添付したエクセルファイルにあります。すぐにきれいなグラフが完成して、番組で使うことができました。

もう一つ。

夏に札幌を旅行中に、帯状疱疹になってしまいました。ウエブでホテル近くの医院を調べて、手当てしてもらったのですが、薬を処方してもらうために常時飲用している薬を伝える必要がありました。たまたまその情報は「薬メモ」として Evernote に入れてあったので、iPhone で取り出して、すぐに示すことができました。

普通、病院に行く場合には薬リストを用意していくのですが、このときのような旅行中の予期せぬ事態には、この数年前であれば、対処できなかったでしょう。クラウドに格納しておいたメモのおかげで、私の安全性は高まったと思います。この経験で気が付いたのは、緊急時に必要な情報をクラウドに格納しておく必要性です。

自分が持っている資料やデータをクラウドに上げるということは、書斎や研究室そのものを常時持ち歩いているようなものです。これまで思いもよらなかったことができるようになっても、不思議ではありません。

３　音声入力、「超」メモ帳、「超」アーカイブ

音声入力して Google ドキュメントに格納

その後、音声認識機能がスマートフォンで使えるようになり、これを記録するファイルとして Google ドキュメントを選びました。

２０１６年に『話すだけで書ける究極の文章法』を刊行しましたが、この本の主要なテーマは、スマートフォンから音声入力で文章を書くことです。

そのときから Google ドキュメントを使うようになりました。これは成功だったのですが、音声入力の結果を書き留めるために使っただけで、文書保存用のアーカイブにしようという気にはなりませんでした。

そして、ファイルを見い出すにはタイトルに頼っていたため、ファイルの数を多くしないよう、完成したファイルはＰＣにコピーして保存し、Google ドキュメントのファイルは削除していました。つまり、Google ドキュメントは、作業中のファイルを一時的に保存する

ためにしか使っていなかったのです。

「超」メモ帳を作る

あるとき、この状況を変更して、「Google ドキュメントにいくらでもファイルをため込む、その代わりに、すぐ引き出せる仕組みを作る」という方針に転換しました。「捨てる努力をしない」ということです。

こうして作られた Google ドキュメントのシステムがアーカイブとしてきわめて強力だと気がついたのは、『「超」AI整理法』を執筆していたときです。

そこで、「超」メモ帳というアイディアを提案しました。

ただし、そのときには、ファイルを引き出す方法として、図表2－1－1の4番目の方法、つまり、キーワードだけを用いていました。

これが極めてうまく機能することがわかりました。そして、これをデジタルアーカイブに進化させる工夫を行なってきたのです。その成果が本書の内容です。

「超」メモ帳から「超」アーカイブへ

『「超」ＡＩ整理法』では、このシステムを「超」メモ帳と呼んでいたのですが、きわめて大量の文書とデータを処理できるため、「メモ帳」というのでは実態を適切に表わしていないと思うようになりました。

そこで、これを「超」アーカイブと呼ぶことにしたのです。

このシステムを拡張するようになった一つのきっかけは、連載の本数が増えたことです。２０１９年頃には、私は五つの連載を行なっていました。

それまでは三つだったのですが、その場合には、各々の内容を、頭の中だけで明確に区別し、把握することができました。スケジュールなども、頭の中だけできちんと処理することができたのです。ところが、それが五つになった途端に混乱するようになってしまったのです。

そこで、これを管理するために、「超」メモ帳をさらに効率的にする必要が生じました。

そして、リンクを貼ることによって多層ファイリングシステムを構築していったのです。それが本書で説明している「超」アーカイブにほかなりません。

第3－2章　マジカルナンバー・セブンを突破する

1　マジカルナンバー・セブンとは

人間は7個までしか判別できない

第2部では、「超」アーカイブの仕組みを構築することについて考えました。では、これを使って何ができるでしょうか。第1部では、日常生活で必要な情報について考えました。ここでは、仕事について考えたいと思います。

人間の認識能力に関して、「マジカルナンバー・セブン」という考えがあります。これは、「人間が一瞬で把握できる最大の数は7個程度」という法則です。

「7以上になると区別がつきにくくなる」とは、われわれの日常経験でも明らかなことです。虹の色は「7色」と把握しています。本当は無限にあるのですが、人間が瞬間的にわかる色数が7色なのです。音の基本は「ドレミファソラシ」の7音です。世界には不思議なことがたくさんあるのに「世界七不思議」といいます。

セブンシスターズとは現在では石油メジャーですが、もともとはプレアデス星団（すばる）の七つの星です。双眼鏡なら非常にきれいに見えます。

聖書の『ヨハネ黙示録』は、7のオンパレード。日本でも、七福神です。タイトルに7を含む映画は沢山ありますが、名作となると、外国ではイングマール・ベルイマンの「第七の封印」が思い出されます。

日本では「七人の侍」です。7人にしたのは、7を魔法の数と意識していたからでしょう。7人は強烈な個性を持ち、一人一人をはっきり区別できます。しかし、「七人の侍」の翻案作「荒野の七人」になると、「7人は誰だっけ?」となります。7の魔法力を活用できたのは、黒澤明の力量です（なお、この映画の制作は、つぎに述べるミラー論文の2年前です）。

ミラーが発見した心理学の法則

これを実験から根拠づけたのが、アメリカの心理学者ジョージ・ミラーの「マジカルナンバー・セブン」という論文（1956年）です。ミラーは、人間の短期記憶の容量は、7±2（人によって差がある）であるとしました。

音の高さの識別に関していうと、高低という2種類しかない場合、被験者は、聞かされた音がどちらかを完全に識別できます。高・中・低という3種類でも識別できます。ところが4種あると、若干の混同が生じます。そして、5種類以上になると、かなりの混同が生じるのです。結局、「識別できる最大数は平均して7程度だというのが、この実験の結果でした。

同じような実験が、音の大きさ、味覚（塩辛さ）、直線上の点の位置、四角形の大きさなどについてなされたのですが、どれに関しても、識別できる対象の最大数は、ほぼ7でした。

性質の異なる対象に関してこのように類似した結果が得られるのは、人間の判断能力に制約が課されていることを意味するのでしょう。

なぜ1週間は7日なのか？

「マジカルナンバー・セブン」は、日常生活に応用することもできます。例えば、引き出しは7個までにした方がよいでしょう。それ以上になると、どこに何を入れたかがわからなくなってしまいます。

軍や企業などでは、7名や7部署をひとくくりにしたピラミッド構造を作ります。7人で係を作り、七つの係で課を作り、7課で部を作る、といった具合です。

本を書く場合もそうです。章が七つ以上あると、全体がよく把握できなくなります。章は七つ程度にして、章の中を節に分けるのがよいでしょう。あるいは、本書がそうしているように、章の上に「部」という区切りを付けます。

1週間を7日にしたのは、7日間であれば、個々の日を明確に区別して把握できるからです。

年、月、日は自然の周期なので、変えようがありません。それに対して、「週」は人間の発明です。なぜ週が必要なのか。また、なぜ1週間を7日にしたのか。

それは、1か月を構成する30日や31日は多すぎて、個々の日を一瞬のうちに識別できないからです。多くの人は、1か月を思い浮かべるとき、漠然としたイメージしか持てないでしょう。

そこで、週を単位にして把握するのです。問題は、1週を何日にするかです。5日では少なく、10日では多いでしょう。7日間であれば、個々の日を明確に区別して把握できます。「週単位で時間を捉える」というのは、偉大な発明です。

週は、古代バビロニアで生まれ、紀元前1世紀頃のギリシア・エジプトで完成したと考えられています。これ以外の週が採用されたこともありますが、うまくいきませんでした。

例えば、フランスで革命後に採用された暦は、1か月を10日ずつの三つの「デカード」に分けました。ソビエト連邦では、5日からなる週を採用しました。しかしどちらも不評であったため、長続きせずに廃止されました。

日本では「五十日《ごとおび》」(5の倍数日)がありますが、これは決済の期限であり、仕事そのものがこの周期で行なわれるということではありません。

グループ分けで突破できる

「マジカルナンバー・セブン」をグループ分けで突破できることは、昔から知られていましす。

右に述べた「週」がその例です。

「週」のようなひとまとまりを、「チャンク」といいます（「チャンク」とは、塊《かたまり》のこと）。

例えば15個のものを覚えようとするときは、5個ずつ3グループにすると覚えやすくなります。

チャンク化が用いられる典型例は、電話番号です。都内の電話番号は（市外局番も入れると）10個の数字から成り立っています。これをずらずらと並べると、認識もしづらいし、覚えるのも大変です。しかし、これを「〇〇〇〇－〇〇－〇〇〇〇」のようにハイフンで区切ってチャンク化すると覚えやすくなります。

チャンク化を無意識のうちにやっていることもあります。私は中学生のとき、円周率πを覚える競争を友人としたことがあり、闇雲に16ケタまで覚えました（いまでも覚えています）。ミラーの論文とチャンクのことを知って改めて確認すると、16ケタの数字を平板に並べていたのでなく、いくつかの塊に分けていたことがわかりました。

ミラーの業績は、「7が限度」というだけでなく、「チャンクを利用すると、認識、記憶能力を拡大できる」ということなのです。

チャンクを使えない人もいる

アメリカ人には、大きな数を数えられない人がかなりいます。私自身が、それを経験しました。

これは、アメリカ生活で車を買うのにローンが使えず、全額現金で支払うことになってしまったときの実話です。

ATMから引き出した札を窓口に持っていったのですが、銀行窓口の女性が「数えられない」というのです。何度やっても失敗して、最初から数え直しになってしまいます。しまいには、「今日は忙しくてランチを食べられなかったので、力が出ない」と言い出す始末。

日本人なら、10枚くらいずつに分けて数えるでしょう。これは、「チャンク」にほかなりません。そんな簡単なことすらできずに最初から数え直す人間が、アメリカでは銀行の窓口にいるので、驚いてしまいます。

「超」アーカイブは、チャンクの応用

「超」メモは、きわめて多数のファイルを「チャンク」に分けて把握しようとする仕組みだ

と捉えることもできます。

多層ファイリングで一つの層に7個の項目を作り、それを３層にすれば、７×７×７＝３４３個のファイルを簡単に把握することができます。もう１層作って４層構造にすれば、２４０１個になります。仮に毎日一つずつファイルを新しく作るとしても、６年半分をカバーできることになります。

「超」アーカイブでは項目を文字で表現しているので、各層の項目数をもっと増やしても把握できるでしょう。もし一つの層に10個の項目を作って４層構造にすれば、10の４乗、つまり、１万個のファイルを管理できます。一日１個ファイルを作るとすれば、27年分です。これだけの数のファイルを管理できれば、ほとんどの目的のために十分以上と言えるでしょう。

こうしたことは、紙のメモではできません。「超」アーカイブで初めてできることです。

2　情報とデータは昔から重要だった

下足札を使わない玄関番

旅館や料亭などで、玄関番（下足番《げそく》）がいるところでは、その人が靴を預かってくれます。今ではほとんどが下足札をわたすようになっています。

しかし、昔の旅館の玄関番には、下足札なしに、預かった客の靴や下駄が誰のものかを覚えていて、帰り際には間違いなくその靴を出していたという人がいたそうです。また、客に合うような新聞を部屋に届けたという話もあります。

しかし、どうやって覚えていたのでしょうか？

10人を超えたら、普通の人なら混乱します。旅館のことですから、客の数は数百人を超えているでしょう。これだけの人をいちいち覚えているわけにはいかないので、メモしていたのだと思います。そして、マジカルナンバー・セブンを克服していたのではないでしょうか。

よほどうまいシステムを作らないと、機能しないと思います。どのような方法で把握していたのか大変興味があるところです。

そのシステムが、その人に宝をもたらしていたわけです。

富山の薬売りと懸場帳

「富山の薬売り」というのは、全国の得意先に薬を置き、年に数回訪問して使用分の代価を精算し、薬を補充した家庭薬行商人のことです。江戸中期に始まるといわれています。

藩を越えてやってきた薬売りはよそ者でした。薬売りたちの置き薬モデルで重要な要素として「懸場帳《かけばちょう》」があります。これは、地域の顧客管理簿や得意先台帳のことです。つまり、顧客データベースです。

懸場帳には顧客の氏名、住所や家族構成などのほか、配置した薬の情報や使用料、いつ訪問したかという履歴も書かれていました。

優良な顧客、売れた薬の種数、家族構成、そして集金履歴などが記録され、再訪問する際の服用指導や情報提供に役立ったと言われます。家族構成や過去のやり取りの記載された懸場帳をもとにコミュニケーションをはかることができます。それによって、信頼関係も深まります。

懸場帳さえあれば、誰でも似たような商売ができるため、のちに懸場帳自体が財産価値を持ち、業者間で高額取引されるようになったそうです。それだけ貴重なデータが集約されていたのです。

いまの会社でも同じこと

同じようなことは、今の会社でもあるでしょう。

例えば、営業関係の人は、取引先の一人一人について詳細な情報を持っている必要があります。取引先の人の考え方、略歴、心情、性癖など。あるいは家族の事情（家族の人の誕生日など）も知っている必要があるかもしれません。

こうした情報は、必要なときにすぐに引き出せるように整理されていなければなりません。キーワード等で関連付けておけば、有機的な運用をすることができます。

多数の会社の、様々な部署にいる人たちについての情報ですから、整理は簡単なことではありません。しかも、それを後任の担当者に引き継ぐ必要もあるでしょう。

営業だけでなく、どんな仕事でも、仕事の相手があります。その人たちがどういう人かをメモしておくのは重要でしょう。名刺だけではわからない情報です。

あるいは、会議のメモ。例えば部長から「1か月前の会議で決めたのは何だっけ?」と聞かれるかもしれません。それに即答できれば、あなたの評価は上がります。

情報技術が進歩するにつれて、このような情報がたくさん集まってくるでしょう。それを放っておいてはまさに宝の持ち腐れで、押し流されるだけです。うまい仕組みを作れば、それらの情報は、あなたの味方になるのです。

3　同時並行的に進める仕事の管理

並行して進める仕事の管理

多くの人は、複数の仕事を同時並行的に進めていると思います。仕事の数が多くなると混乱します。複数の仕事の間には関連もありますが、基本的にはそれぞれが独立した別のものです。そして、作業は、全体としてうまくいくように管理する必要があります。

本章の1で述べた「マジカルナンバー」は7ですが、仕事の場合は、個々の内容が複雑なので、5個程度でも、全体像を把握できなくなります。

そうなったら、「超」アーカイブのシステムを導入する必要が生じます。そして、仕事の進め方をアシストしてくれるシステムを設計する必要があります。

例えば私は、複数の連載と書籍執筆の仕事を同時並行的に進めています。各々で扱っているのは別のテーマですが、関連もあります。締め切りもまちまちです。これらをうまく処理していくためには、「超」アーカイブのシステムが不可欠です。

複数の原稿を同時並行的に書くためのシステム

そのために、つぎのようなメモや文書を作っています。

・アイディアメモ（発想メモ）
・原稿下書きと完成原稿

こうして、メモから徐々に完成原稿に至るシステムを構築しました。これについては、『書くことについて』に書きました。

このようにして、連載と書籍の執筆を管理しています。

各々が別のテーマ、違う段階で進行しています。そうであっても、すぐにどこでも開けるシステムを作っておくと、少しずつ着実に仕事を進めていくことができます。

また、書籍の場合には、執筆中の各書籍ごとに作業管理ページを作っています。そこに、つぎのような事項をメモしておきます。

・現時点までで完了したことの要点。まだ不十分な箇所。調べるべき事項。
・今後の作業の方針。新しいアイディア。

一般に、一つの仕事は、完成するまでそれにかかりきりになるのが望ましい進め方です。途中で中断してしまうと、その仕事の細部に関する記憶が失われてしまうからです。

ところが、書籍執筆のような仕事は大量の作業を要するので、それだけに集中するのは、実際には難しいことです。緊急の用事のために作業を中断し、数日たってから再び取りかかると、これまでやったことの詳細を忘れてしまって、途方にくれることがあります。

「数日後の自分は別の人間なのだ」と自覚し、「別の人間である将来の自分に、親切な引継ぎメモを作っておく必要があります。

こうしたシステムを「超」アーカイブに作ることによって、私は、複数の仕事を同時並行的に進めることができるようになりました。

第3－3章　写真のデータベースを作る

1　写真をメモに活用する

何でも写真に撮るようになった

スマートフォンで写真を撮り、メールで送付したりするのが、非常に簡単になりました。研究会などでホワイトボードに書かれたものを撮影するのは、ごく普通に見られる光景です。

一昔前まで、写真は高価な情報保存手段でした。フィルム代、現像代、プリント代がかかり、それをアルバムに貼らなければなりません。このため、写真を撮るのは、旅行や運動会などの特別な場合に限られていました。

ところが、重いカメラではなく、どこにでも持ち歩けるスマートフォンで簡単に撮影できるようになりました。しかも、写真をいくら撮っても、ほとんど無料で、事実上いくらでも保存できるようになったのです（注1）。

これは、写真に対する基本的条件の大転換です。われわれは発想を根本から変える必要があります。

いまや、メモを取るための最も簡単な方法は、「写真を撮る」ことになりました（注2）。新聞記事、紙に書いたメモ、紙で送られてきた通知などは、写真にとって保存するのが最も簡単です。

（注1）これまでGoogleフォトでは、高画質圧縮で写真を保存すると、保存容量が無制限でした。しかし、２０２０年11月にこの方針を転換し、２０２１年６月以降は、すべてのファイルの合計で15ＧＢを超えるものは有料になると発表されました。ただし、第１－４章の１で述べたように、動画を保存しない限り、多くの人にとって15ＧＢという保存上限は、「事実上いくらでも」と言えるものです。

なお、Googleフォトに保存した写真は、若干解像度が落ちます。解像度の高い写真が必要な場合には、スマートフォンやＰＣなどの端末、あるいは、外付けＨＤなどの端末に写真を残して置く必要があります。

（注2）自分の頭の中にあることのメモであれば、最も簡単な方法は、音声入力です。

「超」メモ2・0が可能になりつつある

写真を大量に用いる「超」メモは、「バージョン2」と言えるものです。

これまで述べてきた「超」メモは、Google ドキュメントを用いるもので、対象は主としてテキストです。

それに対して「バージョン2」の対象は写真です。

どちらもすべての人にとって有用なメモですが、「バージョン1」は、どちらかと言えば、「物書き用」と言えるかもしれません。日常的に大量のテキストを扱っている人にとってはきわめて有用ですが、そうでない人には、あまりピンと来ない面があるかもしれません。

それに対して、「バージョン2」は、多くの人がその有用性を認めるでしょう。日常生活に密着した使い方ができるからです。

写真メモがとくに有効なのは、つぎのような対象です。

・紙に書いた手書きメモ。
・名刺。何枚かまとめて写真を撮っておき、後で必要になったときにGoogle レンズで必要な情報を取り出します。
・新聞記事も、重要なものは写真を撮って、実物は捨てます。かなり広い範囲を一枚の写真に撮っても、後で読めます。
・領収書も何枚かまとめて写真を撮ります。

ただし、「バージョン2」の「超」メモは、画像認識という最先端の技術に依存しており、これがいまだ発展中であるため、不完全な部分もあります。

しかし、技術は日進月歩であり、今後大きな進歩があるでしょう。

写真の「超」メモ帳 vs. 紙のメモ帳

Google ドキュメントの「超」メモ帳と、紙のメモ帳と、どちらが優れているでしょうか。

多くの人は、「手書きでメモ帳やノートにメモするほうが簡単だ」というでしょう。

メモの数が少ない場合にはこれでも機能しますが、メモの数が多くなってくると、とても管理できなくなります。これまで述べてきたように、数か月前に残したメモを見い出すのはかなり難しいでしょう。また、メモの紛失という事故が頻繁に生じます。

「バージョン２」の「超」メモ帳は、手書きのメモを写真に残す方式ですので、手書きの手軽さと、デジタルの管理可能性という、二つの長所を享受することができます。

これまで、紙 vs. デジタルの区別が言われました。しかし、メモに関するかぎり、この区別が曖昧になりつつあります。紙とデジタルとの共存が可能になるかもしれません。

写真が多くなりすぎて、必要なものを引き出せない

写真は簡単に撮れるので、テキストより多くなる可能性があります。こうして、保存した写真が大量になり、その中から目的のものを選び出すのが難しくなります。

タイムラインの下のほうに沈んだ写真を、どうすれば引き出すことができるでしょうか？

本章で述べるのは、このようにしてためた極めて大量の写真情報を、後で必要になったときにいかにして引き出すか、という仕組みの構築です。

同じ問題が、ウエブ情報について、20年ほど前に生じました。それを解決したのが、検索エンジンでした。極めて性能の高い検索エンジンを開発した Google が、その後急成長し、

いまやGAFAと呼ばれる企業群の一つとしてアメリカ経済をリードする役割を担っていることは、よく知られています。

ところが、これまで検索の対象にできたのは、デジタルテキスト（文字や数字など）でした。写真などの画像を検索することはできなかったのです。このため、写真の数が多くなってくると、お手上げということになっていました。貴重な写真が沢山あるのに利用できない。情報洪水の中に飲み込まれてしまう「豊穣の中の貧困」です。

テキストファイルの場合との最大の違いは、ファイル本文中に検索のためのキーワードを書き込めないことです。そこで、様々な工夫が必要になります。

2　目的の写真を引き出すための仕組みを作る

撮影日付のインデックスを「超」アーカイブに作る

写真を引き出すための最も簡単な方法は、撮影年月日をメモして、「超」アーカイブに記録しておくことです。つまり、日付によって Google フォトの写真を見い出すインデックスを作るのです。

時間があるときに Google フォトを調べて、後で見る可能性が高い写真について、インデックスを作成しておきます。例えば、「健康保険証：2021年3月1日」というように入力します。

日付は音声入力で正確に入力できますので、大した手間なしに記録できます。デバイスが複数台ある場合には、一方のデバイスに写真を表示し、他方のデバイスで Google ドキュメントを開いて音声入力すれば、簡単にリストを作成することができます。

これらは、項目ごとに分類しておきます。例えば、家族、旅行、メモ、名刺、重要書類、新聞記事など。

なお、後述する「アルバム」と違って、同一の写真を複数の分類に入れることも可能です。

ただし、このインデックスにある写真を見るには、いちいち Google フォトを開いて、日付を頼りに探し出す必要があります。

「超」アーカイブから写真にリンクを貼る

写真を引き出すための第2の方法は、「超」アーカイブの Google ドキュメントから、目的の写真にリンクを貼ることです。

リンクを貼ることができる対象は、Google ドキュメント内のファイル（文書）だけではありません。Google フォトに保存した写真にもリンクを貼れます。

Google フォトで目的の写真を開き、上部のウィンドウに表示されているURLをコピーしてそれを Google ドキュメントに貼り付ければ、それだけでリンク集ができあがります。貼り付けたリンクの近くに、その写真のタイトルをつけて置きましょう。

ただし、この方法には問題もあります。

それは、目的の写真だけでなく、その周囲にある Google フォトの写真も表示されることです。その気になれば、Google フォト全体を見ることもできるでしょう。

つまり、「Google ドキュメントに作ったリンクを介して、クラウド上の Google フォトに接続した」ということになるのです。

したがって、写真リンク集を他の人と共有することは、慎重に行なう必要があります。

なお、iCloud にアップしてある写真についてもリンクを貼ることができますが、特定の一枚の写真だけでなく、iCloud 写真そのものが開かれてしまいます。したがって、目的の写真だけをすぐに開けないので不便です。

Googleフォトに保存してある写真にタグをつけ検索する

写真を引き出すための第3の方法は、Googleフォトに保存してある写真にタグをつけ、検索することです。

テキストファイルの場合に、第2－4章の2で「検索用にタグをつける」と述べましたが、それと同じ方法です。

検索用タグの付け方は、つぎのとおりです。

1　Googleフォトに保存してある写真を開きます。

1－1　iPhoneの場合、右上にある「…」マークを押します。写真の下に「説明を追加してください」という表示が現れます。ここに、テキストを入力します。例えば、「図表」「新聞記事」「メモ」など。

2－2　アンドロイド端末の場合には、右上にある3点マーク（「…」）を押し、「情報」を押します。写真の下に「説明を追加してください」という表示が現れます。ここに、テキストを入力します。

なお、どのようなタグを付けたのかを覚えている必要があります。忘れてしまう場合もあるので、タグ一覧表を作るのがよいでしょう。

柔軟なシステム

以上の作業は、時間があるときに行なえばよいことです。

Google フォトを開き、後で必要となる写真について、第1の方法で、日付を付けていきます。重要なものは、第2の方法でリンクを付けたり、あるいは第3の方法でタグを付けます。

いずれの方法を取る場合も、内容ごとにまとめたインデックスページを作り、これを、メタインデックスページから順次たどれるようにリンクを貼っておきます。

後になってからインデックスページの組み替えも、行なうこともできます。その意味で柔軟なシステムです。

つぎに述べるアルバム方式では、このような自由な組み替えができません。

Google フォトは「アルバム」という方式で写真を整理しようとしているのですが、これはフォルダ方式による分類です。それよりも、右のように検索キーワードを設定する方式の方が確実です。また、複数のキーワードを用いることができるのは、便利です。

３　Google フォトの機能を利用する

Google フォトによる自動アルバム作成

以上の方法は Google ドキュメントに自分でインデックスを作ったのですが、Google フォトが提供している機能を利用することも考えられます。

Google フォトはＡＩの画像認識機能をもっており、同一人物の写真が複数ある場合は、自動的にアルバムを作成してくれます。幼児など比較的短期間のうちに容貌がかなり変わる対象も、同一人物と認識しているので、驚くべき性能です。

これらには、タイトルを付け、「超」アーカイブに作ったインデックスページからリンクを貼るだけで済みます。

このように Google フォトの「アルバム」機能を利用することが、写真を引き出すための第4の方法です。

なお、アルバムに人名を記入することによって、その人物が誰であるかの情報をGoogleに教えることとなります。これに抵抗がある人は、アルバムに人名を記入しないほうがよいかもしれません。

また、家族のアルバムなどは、非常に大量の写真が格納されて、その中から見たいものを選ぶのが大変、ということもあり得ます。

名刺やメモなどのアルバムを作るには

名刺やメモなどについてのアルバムを作るには、自分で作る必要があります。

「名刺」「新聞」「メモ」「要保存書類」「使用説明書」「旅行」などのアルバムを作るとよいでしょう。

「アルバム」は、これまで述べた方法より簡単に写真をまとめられますが、目的の写真をピンポイントで開けるわけではありません。

とくに、一つのアルバムにあまりに多数の写真を入れてしまうと、見い出しにくくなります(もちろん、Google フォト全体から探すよりは、ずっと簡単になりますが)。

また、アルバムに入れたつもりで入れていなかった写真は、（当然のことながら）アルバムの中をいくら探しても見い出せないことになります。例えば、比較的最近撮影した名刺で「名刺アルバム」に入れていなかったものなどです。

Google フォトは、「一度作ったアルバムに（画像の内容を認識して）自動的に写真を追加してくれる」というほどには賢くなっていません（ただし、人物写真は、自動追加してくれます）。

これまで述べた方法とどちらがよいかは、場合により判断してください。

なお、これまで述べた方法と併用することも、もちろん可能です。

画像認識機能による検索も可能に

写真を引き出すための第5の方法は、Google フォトに保存された画像を検索することです。

すでに述べたように、Google フォトには、画像認識の機能があります。つい最近までは、人物以外のものの識別は不十分でした。ところが、最近、その能力が向上しています。

検索するには、Google フォトのホーム画面で、一番上に「写真を検索」と表示してあるウィンドウに検索キーワードを入力します。

テキスト検索のように自由な検索はできませんが、適切な検索語を入れると、その関連の写真を引き出します。「花」「名刺」「新聞」などのキーワードを入れると、それに該当すると判断された写真を示します。

ただし、この機能は、まだ完全ではありません。選んでほしい写真を選んでくれない場合もあるし、選んでほしくない写真を選ぶこともあります。

また、「花」なら検索できても、「薔薇」というように絞ると、あまり成績がよくありません（「桜」はかなり正確ですが）。「領収書」も駄目です。

撮影地は、非常に正確です。ただし、この分類は、名刺や資料を会社や自宅で撮影することが多い場合などは、あまり役に立たないことが多いでしょう。

歴史年表の写真を引き出したいと思って、検索ウィンドウに「歴史」という検索語を入力して検索したところ、この写真は引き出しましたが、それ以外にもかなり多くの写真を引き出しました（歴史的な建築物の写真など）。

ところが、「年表」という検索語を入力して検索したところ、「一致する結果はありませんでした」になってしまいました。

どのような検索語がよいのか、現状では試行錯誤が必要です。私の観察では、つぎのような傾向があるように見受けられます。

・あまり一般的でない苗字や固有名詞などでは、検索してくれません。
・長い検索語よりは、短い検索語の方がよいようです。例えば、前記の年表の場合、「歴史」では引き出してくれるのですが、「歴史年表」では引き出してくれません。

これで識別された写真をアルバムに入れるのは簡単な操作でできるので、写真の内容ごとにアルバムを作ることができます。こうして、素早く目的の写真を見い出すことができるようになりました。

なお、検索によって示された写真をアルバムに追加するには、つぎのようにします。

1　追加したい写真の左上にある○を選択します。複数枚選べます。
2　右上にある＋マークを押します。示された候補から「アルバム」を選択します。
3　示された候補から、追加したいアルバムのタイトルを選択します。すると、自動的に

		作業は容易か？	確実に引き出せるか？
1	撮影日付によるインデックスを作る	△	△
2	リンクを貼る	×	○
3	タグを付けて検索する	×	○
4	アルバム機能を利用する	△	△
5	画像検索機能を利用する	○	×

図表３−３−１　写真を引き出すための五つの方法

そのアルバムに追加されます。すでにアルバムにある写真を追加しても、重複表示されるわけではありません。

この方法は、自分では作業することなしに目的のものを見い出そうとするものです。ただし確実に引き出せるとは限りません。この方法がこれから進歩していくことが望まれます。

適切な方法を選ぶ

以上で、写真を探し出すための五つの方法を述べました（図表３−３−１参照）。

これらの方法は、それぞれ長所と短所を持っています。作業が簡単であるものは、目的の写真を確実に引き出すのは困難です。確実に引き出すことができるためには、若干の作業が必要です。

写真の重要度などによって適切な方法を選ぶことが重要で

す。

重要な写真で、必要な場合にすぐに確実に引き出したいのであれば、2または3の方法を用いるべきでしょう。

「とりあえず、第1の方法でリストを作り、その中で重要なものについて、リンクやタグを付け加えていく」という方法が効率的でしょう。

第3−4章　新聞記事、手書きメモ、名刺のデータベース

1　新聞記事の個人用データベースを作る

新聞記事の扱いはなぜうまくいかないのか

新聞記事は、重要なデータです。しかし、その扱いが極めて厄介です。それは、問題意識が時間とともに変わってしまうからです。

新聞を見ているときには重要と思っていても、その後重要性を失ったり、関心が薄れたりすることがあります。逆に、読んでいるときにはそれほど重要と思わなかった事柄が、その後重要になることもあります。

後で必要になることがほぼ確実な比較的少量の資料やデータを保存するのは、それほど難しいことではありません。難しいのは、「後で必要になるかどうかが確実でない非常に大量のデータを、どう保存するか？」ということなのです。

しかも、本当にやるべき仕事は他にあるのですから、データ保存作業に多大の時間と労力を費やすわけにはいきません。片手間でできる程度のことでなければ、長続きしません。

新聞記事の整理と保存は、こうした作業の典型とも言えるものです。

一般的なデータベースは役に立たない

新聞社が提供している新聞記事のデータベースでは、非常に大量のデータが手に入ります。

しかし、あまりに大量であるために、そこから必要なものを探し出すのが困難です。

一般的なキーワードで検索しても、大量の記事がヒットしてしまうため、その中から役立つものを探し出すのが大変です。

「数か月前に見たあの記事が見たい」と思っても、その記事を見い出すことができません。「あの記事」というキーワードでは、検索してくれないからです。

結局、自分用のデータベースを作らなければ役に立たないということになります。

デジタル時代に重要なのは、沢山の情報が得られることではなく、役に立ちそうな情報の集まりを作り、そこから目的の情報を確実に引き出せるような仕組みを作ることなのです。

現在のところ最良の方法は？

他方で、新聞記事を巡る技術は、大きく変化しました。

第1は、記事がウエブで手に入るようになったことです（有料のものが多いですが、やむを得ない出費でしょう）。

第2は、第3－3章で述べたように、写真を（事実上）無限に保存できるようになったことと、そして、ある種の検索ができるようになったことです。

右の二つの技術進歩を用いて、決して余分な手間にならず、ほとんどの場合においてその記事を確実に引き出せるような方法が望まれます。

実は、私自身も、完全な方法を見い出したとは思っておらず、方法がつぎつぎに変わっているのは事実です。私は、いまのところ、つぎの二つの方法を併用しています。

第1は、つぎに述べる方法で、これによれば、重要な記事をなくすことはありません。

1　残す価値があると思った記事を切り抜いておきます。ナイフやハサミを用いなくても、破るだけでよいと思います。それを机の上に積んでおきます。

2　時間ができた時に、それらの中で本当に残す価値があると思うものをスマートフォンで写真に撮ります。記事の全文を写真に入れる必要はありません。なぜなら、記事そのものはウエブにあるので、その記事を引き出すための手がかりだけを残して置けばよいからです。手がかりとしては、通常は見出しだけで十分です。

3　Google フォトがインストールされていれば、この写真は自動的に Google フォトにアップされます。写真の画質は最初に撮ったものより落ちるのですが、新聞記事の場合には、問題になりません。

4　時間がある時に Google フォトの新聞の写真を閲覧します。

新聞記事を引き出すキーワード

Google フォトから新聞記事だけを引き出すためには、Google フォトの検索ウィンドウに「paper」、「新聞」、あるいは「新聞記事」というキーワードを入力します。

ただし、新聞記事の他に、名刺やメモ、あるいは書籍の写真などもピックアップする可能性があります。その中で本当に重要だと思うものについて、図表3－3－1の3の方法で、検索用のタグをつけます。

私は「記事」というキーワードを入れています（簡単に入力できるからです）。必要であれば、記事の内容を示すキーワードを入れます。

あとからこの写真を引き出すには、「記事」というキーワード（および、見出しの内容を示すキーワード）を検索ウィンドウに入力します。

写真を見ると見出しの全文がわかるので、それをキーワードとしてウエブ検索し、記事の全部を引き出します。

簡便法でも何とかなる

右の方法によれば、記事を見失うことはありませんが、手間がかかって面倒なことは事実です。

そこで、つぎのような簡便法に頼ることもあります。

1　残す価値があると思った記事の見出しを、音声入力でGoogleドキュメントに記録しておきます。

2　この記事は、「超」メモの多層ファイリングで保存しておきます。なお、第2－3章の3で述べた「アイディア農場」の仕組みは、この目的のために便利に使えます。

3　記事が必要になったときには、記録しておいた見出しを検索語として、ウエブを検索します。

2　手書きメモや名刺をデジタル化する

紙のメモが必要とされる場合も多い

本書では、メモをGoogleドキュメントへの音声入力で残すことを前提にしていますが、メモのなかには、手書きにならざるを得ないものもあるでしょう。

例えば、対談中のメモや会議中のメモは、紙に書かざるを得ない場合が多いでしょう。音声入力はほぼ不可能です。また、こうした場でPCやスマートフォンを操作することは、対談相手や会議出席者に好ましくない印象を与える可能性があります。

面談のメモの場合、相手がどんな印象を持つかは、人によります。相手を見ないで入力していると、あまり良い感じを与えないかもしれません。

また、音声入力は簡単にできますが、声を出しにくい場所もあります。オフィスの中など、周りに人が多い場合には、やりにくいでしょう。

また音声入力の精度は必ずしも完全ではないので、誤変換が多く、後から見て判読できない場合もあります。こうした場合には、紙にメモを取るほうが便利でしょう。

また、スマートフォンへの入力は、音声入力であっても面倒なので、メモは紙に手書きで書きたいという人もいるでしょう。

このように、紙のメモは、いつになっても必要とされる場合が多いのです。

これらの手書きのメモについても、新聞記事と同じ方法で処理することができます。すなわち、残したいメモについて写真を撮り、その後で時間があるときに検索用のタグを付けていくのです。

ノートに書いたメモについては、必要な箇所だけを写真に撮ります。

「超」メモは、紙のメモと対立するものではありません。協働することができます。

紙のメモはすぐ写真にする

ただし、紙のメモには重大な問題があります。

第1は紛失です。私も、打ち合わせの際に書いた重要メモを、打ち合わせ後に誤って捨ててしまい、困ったことがあります。また、捨てないにしても、小さな紙片だと、どこかに紛れ込んで、行方がわからなくなってしまいます。数日より前のメモを探し出すのは、大変なことです。

一冊のメモ帳に記入していれば、こうした事故は避けられます。しかし、そのメモ帳をいつも携帯しているわけではありません。また、メモがたまってくると、古いメモを探し出すのは容易なことではありません。

こうした問題に対処するため、紙のメモをスマートフォンのカメラで撮影して、写真にしておくという方法が考えられます。

打ち合わせや会議が済んだら、すぐに撮影します。紙は捨ててしまってもよいし、残しておいても構いません。こうするだけでも、かなり便利なメモシステムになります。

メモの写真は自動的にはアルバムにしてくれない

ただ、できることなら、こうして撮影したメモが大量にたまった場合に、目的のメモを即座に引き出せるようなシステムが望まれます。

第3－3章で述べたように、Google フォトは、人間の顔を認識してアルバムを自動的に作ってくれますが、それ以外の一般的な特徴についてアルバムを作ってくれるわけではありません。

メモだけを自動的にアルバムにするということは、現状ではできません。

重要なメモであれば、URLを「超」メモに記録しておけばよいでしょう。ただし、すべてのメモについてこれを行なうのは、とても面倒でしょう。

「メモ」というアルバムを作り、そこにメモ写真を手動で入れるということはもちろん可能です。ただし、これもかなり面倒な作業です。

AIを利用して、メモの写真だけを引き出す方法

ところが、アルバムを作るのと同じこと（あるいは、もっと効率的なこと）が、実に簡単

にできるのです。

これはＡＩによる画像認識機能を利用した方法で、ごく最近可能になったことです。そして、きわめて応用範囲が広い重要なノウハウです（ただし、現状では、確実に成功するわけではありません）。

それは、紙のメモ用紙に「メモ」と書いておくことです。場所はどこでも構いません。手書きで構いません。ただし、読めるようにはっきりと書きます。心配なら、いくつも書いて構いません。

あるいは、「メモ」、「ＭＥＭＯ」、「超メモ帳」などと印刷された文字と一緒に撮影することです。印刷された文字は、手書きの文字よりは、確実に認識してくれます。

このメモ用紙にメモを書き、それを写真に撮ります。これは直ちに Google フォトに格納されます。

格納された段階で検索をします。画面上部にある検索ウインドウに「メモ」と入れると、いま撮影した写真を含み、「メモ」と記入されている写真がアップされた日付順に表示されます。

そこで日付を頼りにして、目的のメモを見つけ出すことができます。

なお、どんな文字列でも認識してくれるというわけではありません。「メモ」、「ＭＥＭＯ」などは認識します。また、２１１０２２など、日付を表す数字を入れても認識してくれます。ただし、「あああ」などというメタキーワードは認識してくれません。

名刺データベースは簡単に構築できる

名刺は、スマートフォンで写真を撮ります。名刺６枚程度までは、１枚の写真に納まります。ただし、あまり写真を節約する必要もありません。

Google フォトがインストールしてあれば、この写真は自動的に Google フォトに格納されます。

後で名刺が必要になった場合、最近の名刺であれば、撮影日付を頼りに見い出すことができるでしょう。

しばらく前の名刺であれば、つぎのようにします。

「name card」（または「名刺」、「paper name card」など）の検索語で検索します。

その中から目的の名刺を見い出し、Google レンズで認識させます。

そして、例えばメールを送るのであれば、メールのボタンをタップします。するとメールの送信画面が現れるので、本文を書いて送信します。

重要な名刺であれば、「重要名刺」というアルバムを作っておき、そこに保存します。

第3－5章　将来の革命にいまから備える

1　情報洪水から救ってくれるアシスタントはいないか？

超有能なアシスタントが使えれば、頼みたいこと

あなたの周りには、非常に沢山の情報があります。それらをうまくコントロールできないと、情報を利用できないだけでなく、情報洪水に押し流されてしまいます。あまりに沢山のことを処理しなければならないので、頭の中がゴタゴタになります。一体どれを優先してどのような順序でやってよいかもわかりません。

仕事に必要な資料を準備したはずだったのに、いざ使う段になると、どこにいったか見当たりません。

そこに、極めて有能なアシスタントが現れたと考えてください。彼または彼女に口頭で伝えれば、すべてのことを間違いなく正確に記録しておいてくれます。思いついたアイディアも書き留めてくれます。原稿も、口頭で言えば文章にして記録してくれます。

この他、つぎのようなこともこなしてくれます。

・新聞記事を整理・保存してくれる
・名刺を整理・保存してくれる
・取引先の人についての情報を記録しておいてくれる

そして、これらすべての情報を、必要な時にすぐに引き出せるようにしてくれます。

これほど有能なアシスタントは、滅多にいないでしょう。仮にいたとしても、高い給料を支払わなければ使えないでしょう。

では、仮に、「こうしたアシスタントを常時使える」ということになったら、どうでしょうか。誰でも使いたいと思うでしょう。

権力者や金持ちは情報アシスタントを使えた

昔から権力者は、このような情報アシスタントを使ってきました。

歴史上最も有名な例は、ユリウス・カエサルでしょう。その著書『ガリア戦記』は、馬上でカエサルが口述し、部下が筆記したと伝えられています。

カエサルよりだいぶスケールは落ちますが、ジョン・フォード監督の映画「静かなる男」に登場するダナハも、下男の一人を情報アシスタントとして使っています。何か思いついたときに呼びつけて、メモ帳にメモさせるのです。

内容は、「誰々に金を貸した」とか、「誰々は気に食わないから仕返しをする」といった類の、あまり大したことではありません。しかし、このメモ係は、呼べばすぐにメモ帳とペンを持って飛んできてくれる便利な存在です。

ダナハは地主で豊かであるために、このような下男を使うことができました。

いまでも権力者は情報アシスタントを使える

いまでもそうです。

そのことを、私は30年近く前に思い知らされました。『「超」整理法』を刊行したとき、役所のときの友人にそのことを話したのですが、即座に返ってきた反応は、つぎのようなものでした。

「そんなものは要らない。部下に『オイ、あの書類』と言えば直ちに出てくる」

確かにそのとおりなので、私は絶句してしまいました。

そこで改めて思い返してみれば、私が役所に入って仕事を始めた頃、私自身がこうした役目をしていたのです。国会の委員会に局長のお伴で出かけ、前列に座っている局長が「オイ、あの資料」と言ったとき、即座に資料を差し出すのが私の仕事だったのです。

ところで、本書が提案している「超」アーカイブは、「オイ、あの資料」と言われれば、昔私がやっていたように、その資料をすぐに差し出してくれます。つまり、いま私が持っている「超」アーカイブは、昔の私と同じような能力を持っているのです。

情報アシスタントに関する限り、一昔前の局長や社長が使っていたのと同じ能力を持つアシスタントを、誰もが使えるような時代になっているのです。

これは、考えてみれば驚くべきことです。

「超」アーカイブなら、いつでもどこでも、真夜中でも使える

実は、「超」アーカイブは、局長の部下やダナハのメモ係より優れた存在です。なぜなら、いつでも働いてくれるし、文句を言わないからです。また、秘密を守ってくれるので、安心です。反乱を起こされることもありません。

こうしたアシスタントを持つのは、20年前であれば、最高権力者でも無理だったでしょう。「いつでも使える」というのも、考えてみればすごいことです。

昔の私の知り合いで、何か思いついて手許に紙がないとき、手の平にメモを書いている人がいました。スマートフォンであれば、いつでも持っているので、こうしたことは必要ありません。その人も、今では手に書く必要がなくなっていることでしょう。

現在すでに、スマートウォッチというものが登場しています。将来さらに進歩して、体の一部に埋め込んで使えるようになるかもしれません。そうなれば、文字通り「いつでも、どこでも使える」ことになります。こうしたことを考えるだけで、楽しくなります。

２　本当に必要なことに脳を使う

情報の記憶を「超」アーカイブに任せる

あなたはいつも、「仕事に追いまくられて大変だ」と言っています。しかし、実は、そのかなりの部分は、「超」アーカイブに任せることができるものです。細かいことまで全部自分で覚えていようとせず、「超」アーカイブに任せてしまえば良いのです。

「しなくてはいけない」ことのリストで頭がいっぱいになっていると、本当に必要な仕事に集中することができません。仕事そのものに取り掛かれないし、集中できなくなります。

要処理案件の記憶は、ＴＯＤＯメモに任せるべきです。それによって、「とにかく何かをやらなくてはならない」という恐怖感から解放されます。そして、頭を本当に必要な仕事に使うことができます。

あるいは、書かなければならないが、面倒なのでなかなか書く気になれないメールは、下書きを「超」アーカイブに口述筆記しておけば、楽に書けます。

このようにして処理できることは、たくさんあります。余計なことを覚えていなくてもよいので、随分楽になります。それに、「超」アーカイブは間違いなく確実に覚えていてくれるので、安心です。

あなたは情報をうまくコントロールできていないために、余計なことに脳を使っているのです。「超」アーカイブに任せることができるものは任せて、脳は本当に必要な仕事、自分だけしかできない仕事に使うべきです。

それによって、あなたの脳は解放されることになります。眠っているあなたの可能性を引き出し、本当に必要なことに時間を使うのです。

そもそも、人類が他の動物とは違って進歩できたのは、すべてのことを覚えているのではなく、その大部分をメモや記録の形で脳の外に記録してきたからです。

「超」アーカイブは、時間が経つほど有能になる

私がこの仕組みを使い始めてから、まだ2年くらいしか経っていません。もっと早くこのようなシステムを使うことができたら、人生は変わっていたようにも思えます。

もし若いときから使うことができて、それ以来何十年も情報を蓄積できたとしたら、いっ

たい私の仕事のやり方や生活の仕方はどのように変わったのだろうか？　と考えてみるだけで楽しくなります。

若い世代の方々には、できるだけ早い時点で、このシステムを始めることを勧めます。生活上の必要事項のメモなどは、実に細かいことの積み上げなのです。紙のメモでは、このような細かい積み上げは不可能です。「超」メモでは、極めて些細なことでも思いついたときに書き留めておくことによって、それらの蓄積が可能になります。

長い年月の間には小さなストックの積み重ねが非常に大きな効果を持つことになります。小さなことを積み上げるには、それを適切な場所に書き込む必要があり、しかもそれをどんなときにでもすぐに引き出せなければなりません。

このような仕組みは、「超」アーカイブによってしか実現できないことです。

使わなければ忘れてくれる

もっとも、「忘れたいことを思い出してしまうのは問題」という意見もあるかもしれません。

人間は嫌な出来事を忘れることによって生きていられるのかもしれません。何時になっても辛かったときの記録が出てくるのでは、やりきれないと思われるかもしれません。

しかし、心配無用です。

使わないファイルは、タイムラインの下の方に沈み込んでいってしまって、見い出すことができなくなるからです。このシステムは、「忘れる」こともできる仕組みなのです。

もしそれでも心配というのであれば、引き出すリンクを切ってしまえばよいのです。また、該当する検索キーワードを一覧ページから消してしまいます。

3 人間より能力が高い側面もある

データが蓄積されると能力が高まる

「超」メモを1年ぐらい使ってデータを蓄積すると、単なる資料保管庫以上の能力を持つようになります。仕事の資料だけでなく、生活上の資料も含めて、すぐに必要な資料を出してくれるからです。

直接には求めていない書類を出してくれることもあります。漠然とした要求に応えてくれることもあります。正確な要求でなくても出してくれます。「およそこんなことを書いてある資料」がもしあれば出してくれという要求でもＯＫです。

昔書いてすっかり忘れていた文章を、検索で引き出せることがあります。こうなると、人間以上の能力です。「外部脳」と呼んでもよいでしょう。

創造活動の手伝いをしてくれる

外部脳にできないのは、創造的な活動です。人間は情報を単に覚えているだけではなく、様々な情報を関連づけ、つなぎ合わせて、新しいアイディアを創出することができます。

最先端のＡＩは、これが徐々にできるようになってきました。しかし、「超」アーカイブは、それと同じような能力は、残念ながら持っていません。これが人間の脳よりも劣っているところです。

ただし、「超」アーカイブは、この面でもアシスタントになってくれます。

まず、仕事に取り掛かりを作る役目をはたしてくれます。どんな仕事も、取り掛かりを作れば成長します。そしていつかは完成します。

それだけではありません。単に求める情報を出してくれるだけではなくて、使い方によっては、ある種の関連付けをしてくれます。つまり、創造プロセスの手伝いをしてくれます。持っていながら有効に使われていなかった資料の中にも、関連付けることによって新しい価値が生まれるものがたくさんあります。そのような価値創造をやってくれるのです。

その点からいえば、「超」アーカイブは、昔局長に資料を出していた私よりは高級なサービスを提供していることになります。

実際、私は、アイディアに詰まったとき、「超」アーカイブに向かって問いかけます。すると、いくつかの候補を出してくれます。

また、あることについて検索をしてみると、「こんなことを考えていたのか！」と再発見をすることがあります。

こうしたことをきっかけに新しい発想が浮かんでくることもあるのです。

つまり、「超」アーカイブは、単に要求した資料を出してくれるだけでなく、あなたが持っている情報やデータを宝の山に変えてくれるのです。

４　いま蓄積する情報が、将来価値を発揮する

資料の自動振り分けが近い将来にできるだろう

「超」アーカイブでは、個々のファイルにいくつかの設定をしておく必要があります。ＭＴＦの原理を使うにはあまり細かい設定は必要ありませんが、それでもファイル名がないと、ごく最近のファイル以外は見い出しにくくなります。また、キーワードの設定なしでも検索で引き出せますが、確実ではありません。

しかし、ファイル選別は、近い将来にＡＩが自動的にやってくれるでしょう。

第２－７章で紹介した「Ｇメールのメール自動振り分けシステム」では、それに近いことがすでになされています。これは、現在個人が利用できる最も先進的なファイリングシステムです。

このシステムでも、現在は利用者が振り分けの設定を行なっていますが、近い将来、これはＡＩが自動的に行なうでしょう。利用者が使う頻度などに応じて、利用者のプロファイリ

ングを行ない、それに応じて、自動的にファイルの振り分けをやってくれるでしょう。
実際、ウエブ検索では、「セマンティック検索」（ユーザの意図や目的を検索エンジンが理解し、それに即した結果を表示する技術）によって、これに近いことがすでに実現されています。

このような機能は、ＡＩの能力向上によって、今後急速に向上していくでしょう。そして、個人でもそうしたサービスを、メールだけでなく、データ一般について利用することができるようになるでしょう。

そうなると、資料を引き出すのに検索語を入力したり、リンクを辿ったりする必要もなくなります。スマートフォンに向かって「オイ、何かいい資料はないか？」と言うだけで、適切な資料を出してくれることになるわけです。

将来の技術にいまから備えておく必要

では「果報は寝て待て」ということで、そのときまでただ待っていればよいのでしょうか。そんなことはありません。

情報のインプットは、依然として必要だからです。記録は紙のメモ用紙に書いただけ。どこにいったかわからない、といった状態では、ＡＩといえども利用することはできません。最低限、情報がデジタル化されている必要があります。そして、つぎの段階として、クラウドに上がっている必要があります。

つまり、メールなり、Google ドキュメントなりの形で保存してある必要があります。情報をクラウドに上げる仕組みは、もちろん、Google のものにかぎりません。iCloudでもいいし Microsoft の OneDrive でもよいでしょう。あるいは他のシステムでも構いません。

ここで蓄積された情報は、将来の世界において、大きな価値を持つことになります。いま「超」アーカイブの形で個人情報を蓄積している人は、将来の世界において技術進歩の恩恵を享受することができるのです。

実際、Ｇメールを長く使っていた人は、メールの自動振り分け機能を利用することによって、過去の情報の蓄積から、いま大きな利益を得ることができます（私自身がそうです）。しかし、Ｇメールをこれから使う人は、これから蓄積していく情報についてしか、自動振り分けによる効果を得られません。

同じことが、その他の情報についてもいえます。いま「超」アーカイブの形で個人的に独自の情報を蓄積していく人としない人との間には、将来において大きな差が生じることになります。

自分の情報だけではありません。メールには受信情報もあるので、それをＡＩが解析して、「この人はあまり信頼できないから、注意したほうがよい」などという警告を与えてくれるかもしれません。

いまからたくさんの情報を「超」アーカイブに蓄積する人は、将来における情報技術の進歩を、最大限に利用することができます。それは、創造能力に影響してくるでしょう。

われわれは、将来利用可能になる技術に対して、いまから備えておく必要があるのです。

「はじめに」で紹介したリアンクール公の言葉を、もう一度ここで繰り返したいと思います。

「いいえ陛下、これは革命です」

た　行

さ　行

索　引

ラクレとは…la clef=フランス語で「鍵」の意味です。
情報が氾濫するいま、時代を読み解き指針を示す
「知識の鍵」を提供します。

中公新書ラクレ
727

「超《ちょう》」メモ革命《かくめい》

個人用《こじんよう》クラウドで、仕事《しごと》と生活《せいかつ》を一変《いっぺん》させる

2021年5月10日発行

著者……野口悠紀雄《のぐちゆきお》

発行者……松田陽三
発行所……中央公論新社
〒100-8152 東京都千代田区大手町 1-7-1
電話……販売 03-5299-1730　編集 03-5299-1870
URL http://www.chuko.co.jp/

本文印刷……三晃印刷
カバー印刷……大熊整美堂
製本……小泉製本

Published by CHUOKORON-SHINSHA, INC.
Printed in Japan ISBN978-4-12-150727-3 C1295

L429
グローバル化時代の大学論①
アメリカの大学・ニッポンの大学
――TA、シラバス、授業評価
苅谷剛彦 著

ひたすら改革が叫ばれ、アメリカ発の制度を取り入れてきたニッポンの大学。だが、その有効性はいまだ見えず、グローバル化の荒波の中を漂流している――元東大教授で、いまオックスフォード大学で活躍する著名な教育社会学者が、新米教師の頃、いち早く警鐘を鳴らした「アメリカ大学教育体験記」から、日本の当時と変わらぬ問題点が浮かび上がる。巻末解説文・宮田由紀夫氏（L413『米国キャンパス「拝金」報告』著者）。

L430
グローバル化時代の大学論②
イギリスの大学・ニッポンの大学
――カレッジ、チュートリアル、エリート教育
苅谷剛彦 著

ワールドクラスの大学では、グローバルな問題を解決すべく、世界中から優秀な教員と学生を集め、人材育成に努めている。オックスフォード大学が、その先頭集団を走る秘訣は何か？ 同大学にあって、東大に欠けるものとは？ オックスフォード大学で教壇に立つ元東大教授が、中世以来の伝統的教育をつぶさに報告し、ニッポンの大学が抱える課題を検証する。巻末解説文・潮木守一氏（名古屋大学名誉教授・桜美林大学名誉教授）。

L489
教養としてのプログラミング講座
清水 亮 著

もの言わぬ機械とコミュニケーションをとる唯一の手段「プログラミング」。ジョブズら世界的経営者はみな身につけていたように、コンピュータが隆盛する今、世界中で通用し、求められるプログラミング技術は、もはや「教養」だ。この本は、成り立ちから簡単な作成、日常生活に役立つテクニックなどを、国認定「天才プログラマー」が解説。プログラマーの思考法を手に入れることを実現します。21世紀の成功者はどんな世界を見ているのか？

L565
中国人エリートは日本をめざす
――なぜ東大は中国人だらけなのか？
中島 恵 著

中国政府は爆買い輸入品に関税をかけるなど、規制の動きを見せているが、モノ以外の分野では「日本買い」の動きはむしろ活発化する。東京大学への進学を希望する中国人は後を絶たず、留学生の4割を中国人が占めるほどの「爆留学」ぶりだ。そこで中国事情を正しい目線で描くことに定評あるジャーナリスト中島氏が、新しく日本にやってきて動き出した彼らの姿をレポートする。

L566

統計学が日本を救う

西内　啓　著

あらゆる権威やロジックを吹き飛ばして正解を導く「統計学」。ブームの火付け役が少子高齢化や貧困などの難問に立ち向かう！　出生率アップに必ず効く施策とは？　間もなく亡くなると分かっている人にどこまで医療費をかけるべき？　上海レベルの学力で税収爆増？　この本は東京大学政策ビジョン研究センターの研究成果をまとめたもので、通説・俗説を統計学的にくつがえす、その切れ味は抜群。日本を救うのは統計学だ！

L585

孤独のすすめ
―人生後半の生き方

五木寛之　著

「人生後半」を生きる知恵とは、パワフルな生活をめざすのではなく、減速して生きること。「前向きに」の呪縛を捨て、無理な加速をするのではなく、精神活動は高めながらもスピードを制御する。「人生のシフトダウン＝減速」こそが、本来の老後なのです。そして、老いとともに訪れる「孤独」を恐れず、自分だけの貴重な時間をたのしむ知恵を持てるならば、「人生後半」はより豊かに、成熟した日々となります。話題のベストセラー‼

L616

読む力
―現代の羅針盤となる150冊

松岡正剛＋佐藤　優　著

「実は、高校は文芸部でした」という佐藤氏の打ち明け話にはじまり、二人を本の世界に誘ったセンセイたちのことを語りあいつつ、日本の論壇空間をメッタ斬り。既存の価値観がすべて潰えた混沌の時代に、助けになるのは「読む力」だと指摘する。サルトル、デリダ、南原繁、矢内原忠雄、石原莞爾、山本七平、島耕作まで?!　混迷深まるこんな時代だからこそ、読むべきこの130年間の150冊を提示する。これが、現代を生き抜くための羅針盤だ。

L624

日本の美徳

瀬戸内寂聴＋ドナルド・キーン　著

ニューヨークの古書店で『源氏物語』に魅了されて以来、日本の文化を追究しているキーンさん。法話や執筆によって日本を鼓舞しつづけている瀬戸内さん。日本の美や文学に造詣の深い二人が、今こそ「日本の心」について熱く語り合う。文豪たちとの貴重な思い出、戦争や震災後の日本への思い、そして、時代の中で変わっていく言葉、変わらない心……。ともに96歳、いつまでも夢と希望を忘れない偉人たちからのメッセージがつまった対談集。